MARCUS TULLIUS CICERO

ÜBER DAS SCHICKSAL
DE FATO

Lateinisch-deutsch

Herausgegeben und übersetzt
von Karl Bayer

ARTEMIS & WINKLER

Illustration auf der Titelseite:
Milon ringt mit seinem Gegner. Illustration zu Cicero, De fato XIII 30,
entnommen aus Cod. Guelf. 2 Gud. lat., s. XIV, fol 150

Die Deutsche Bibliothek – CIP-Einheitsaufnahme

CICERO, M. TULLIUS
Über das Schicksal = De fato : lateinisch/deutsch/
M. Tullius Cicero.
Hrsg. und übers. von Karl Bayer. –
4., überarb. Aufl. –
Düsseldorf ; Zürich : Artemis und Winkler, 2000
(Sammlung Tusculum)
Einheitssacht.: De fato
ISBN 3-7608-1724-6
NE: Bayer, Karl [Hrsg.]; M. Tullius Cicero [Sammlung]

4., überarbeitete Auflage 2000
© 2000 Patmos Verlag GmbH & Co. KG
Artemis & Winkler Verlag, Düsseldorf/Zürich 2000
Alle Rechte, einschließlich derjenigen des auszugsweisen Abdrucks sowie der fotome-
chanischen und elektronischen Wiedergabe, vorbehalten.
Satz: Dörlemann Satz, Lemförde
Druck: Pustet, Regensburg
Printed in Germany
ISBN 3-7608-1724-6

INHALT

TEXT UND ÜBERSETZUNG

ANHANG

M. TULLIUS CICERO
ÜBER DAS SCHICKSAL

M. TULLI CICERONIS
DE FATO

... quia pertinet ad mores, quod ἦθος illi vocant, I
nos eam partem philosophiae 'de moribus' appel- 1
lare solemus, sed decet augentem linguam Latinam
nominare 'moralem'; explicandaque vis est ratioque enuntiationum, quae Graeci ἀξιώματα vo- 5
cant; quae de re futura cum aliquid dicunt deque
eo, quod possit fieri aut non possit, quam vim habeant, obscura quaestio est, quam περὶ δωνατῶν
philosophi appellant, totaque est λογική, quam rationem disserendi voco. 10

Quod autem in aliis libris feci, qui sunt de natura
deorum, itemque in iis, quos de divinatione edidi,
ut in utramque partem perpetua explicaretur oratio,
quo facilius id a quoque probaretur, quod cuique
maxime probabile videretur, id in hac disputatione 15
de fato casus quidam, ne facerem, inpedivit. Nam 2
cum essem in Puteolano Hirtiusque noster, consul
designatus, isdem in locis, vir nobis amicissimus et
his studiis, in quibus nos a pueritia viximus, deditus, multum una eramus, maxime nos quidem ex- 20
quirentes ea consilia, quae ad pacem et ad concor-
diam civium pertinerent. Cum enim omnes post
interitum Caesaris novarum perturbationum causae quaeri viderentur iisque esse occurrendum pu-
taremus, omnis fere nostra in his deliberationibus 25
consumebatur oratio.

... weil dieser Teil der Philosophie ins Gebiet der *mores* gehört – die Griechen haben dafür das Wort Ethos –, pflegen
wir ihn *de moribus* zu nennen; doch wäre es vielleicht besser,
wenn man ihn, die lateinische Sprache bereichernd, als *philosophia moralis* bezeichnete. Ferner muß Sinn und Bedeutung
der Aussagen geklärt werden, welche die Griechen Axiomata
nennen; denn wenn solche Axiomata etwas über die Zukunft
aussagen und über das, was geschehen kann oder nicht geschehen kann, ist es eine der Erhellung bedürfende Frage,
welchen Aussagewert sie haben. Dieses Gebiet nennen die
Philosophen ›Über das Mögliche‹, und es gehört ganz und
gar zur Logik, die ich *ratio disserendi* nenne.

Wie ich es aber in anderen Büchern gehalten habe, die den
Titel *De natura deorum* tragen, und auch in denen, die ich unter der Bezeichnung *De divinatione* veröffentlicht habe, daß
nämlich jeweils in einem zusammenhängenden Vortrag entwickelt wird, was für bzw. was gegen die These spricht, damit
der Leser dem leichter zustimmen kann, was ihm am meisten
vertretbar scheint, so wollte ich auch in dieser Erörterung *De
fato* verfahren; aber ein dazwischentretendes Ereignis hin-
derte mich an der Ausführung. Es ergab sich nämlich folgende Lage: Als ich auf meinem Landgut in Puteoli war, hielt
sich unser Hirtius, der designierte Konsul, in der gleichen Ge-
gend auf, ein mir eng befreundeter Mann, der den geistigen
Bestrebungen, mit denen mein Leben von Jugend auf erfüllt
war, zugetan ist. Wir waren viel zusammen, wobei wir vor allem solche Maßnahmen erörterten, die dem Frieden und der
Eintracht unter den Bürgern dienlich sein könnten. Da es
nämlich den Anschein hatte, daß man nach Cäsars Fall alle
möglichen Gründe für neue Verwirrungen suche, wir aber
der Meinung waren, daß man diesem Treiben Einhalt gebieten müsse, befaßte sich fast unser ganzes Gespräch mit Über-
legungen dieser Art.

Idque et saepe alias et quodam liberiore, quam solebat, et magis vacuo ab interventoribus die, cum ad
me ille venisset, primo ea, quae erant cottidiana et
quasi legitima nobis, de pace et de otio.

Quibus actis: "Quid ergo?" inquit ille. "Quoniam   II   5
oratorias exercitationes non tu quidem, ut spero,   3
reliquisti, sed certe philosophiam illis anteposuisti,
possumne aliquid audire?"

"Tu vero", inquam, "vel audire vel dicere; nec
enim, id quod recte existimas, oratoria illa studia   10
deserui, quibus etiam te incendi, quamquam fla-
grantissimum acceperam, nec ea, quae nunc tracto,
minuunt, sed augent potius illam facultatem. Nam
cum hoc genere philosophiae, quod nos sequimur,
magnam habet orator societatem: subtilitatem enim   15
ab Academia mutuatur et ei vicissim reddit uberta-
tem orationis et ornamenta dicendi. Quam ob
rem", inquam, "quoniam utriusque studii nostra
possessio est, hodie utro frui malis, optio sit tua."

Tum Hirtius: "Gratissimum", inquit, "et tuorum   20
omnium simile: nihil enim umquam abnuit meo
studio voluntas tua.
Sed quoniam rhetorica mihi vostra sunt nota te-   4
que in iis et audivimus saepe et audiemus, atque
hanc Academicorum contra propositum disputandi   25
consuetudinem indicant te suscepisse Tusculanae
disputationes, ponere aliquid, ad quod audiam, si
tibi non est molestum, volo."

So war es oftmals; auch an einem Tag, der mehr Muße bot als gewöhnlich und weniger von störenden Besuchern in Anspruch genommen war, bewegte sich, nachdem Hirtius zu mir gekommen war, unsere Unterhaltung zuerst um die Themen, die uns fast wie ein tägliches Programm beschäftigten, nämlich um Frieden und Ruhe im Staate.

Nachdem aber diese Fragen abgeschlossen waren, meinte Hirtius: »Was können wir jetzt noch tun? Nun – da du ja, wie ich hoffe, deine rednerischen Übungen nicht eingestellt, sondern sicherlich nur der Philosophie den Vorrang vor ihnen eingeräumt hast, könnte ich da wohl etwas hören?«

»Aber sicher«, antwortete ich; »du kannst Zuhörer oder Sprecher sein. Denn ich habe, wie du richtig vermutest, jene rhetorischen Interessen, für die ich auch dich entflammte, wiewohl ich dich schon als begeisterten Schüler übernommen hatte, nicht aufgegeben. Und das, womit ich mich derzeit beschäftige, vermindert jene Fähigkeit nicht, sondern steigert sie eher. Denn mit der Art von Philosophie, der ich mich angeschlossen habe, hat der Redner eine enge Verbindung: er entleiht von der Akademie die Wissenschaftlichkeit und stellt ihr als Gegenleistung die Fülle und die schmückenden Mittel seiner Beredsamkeit zur Verfügung. Da ich also«, schloß ich, »über beide Bereiche verfüge, sei es deiner Wahl überlassen, welchen Genuß du heute vorziehst!«

Darauf Hirtius: »Das ist sehr freundlich von dir und paßt so recht zu dem, was man von dir gewohnt ist: Denn noch nie hast du dich meinen Wünschen verschlossen.

Da mir aber deine rhetorischen Übungen bekannt sind und ich dich schon oft darin gehört habe und auch noch oft hören werde, und da andererseits deine *Tusculanae disputationes* erkennen lassen, daß du dir diese akademische Gepflogenheit, gegen eine vorgelegte These zu disputieren, angeeignet hast, wäre es mir lieb, wenn ich dir ein Thema stellen dürfte, zu dem ich dich hören könnte, wenn es dir nicht unangenehm ist.«

"An mihi", inquam, "potest quicquam esse molestum, quod tibi gratum futurum sit? Sed ita audies,
ut Romanum hominem, ut timide ingredientem ad
hoc genus disputandi, ut longo intervallo haec stu-
dia repetentem."   5

"Ita", inquit, "audiam te disputantem, ut ea lego,
quae scripsisti. Proinde ordire!"

"Considamus hic ..."

*

"... quorum in aliis, ut in Antipatro poeta, ut in   III
brumali die natis, ut in simul aegrotantibus fratri-   5   10
bus, ut in urina, ut in unguibus, ut in reliquis eiusmodi, naturae contagio valet, quam ego non tollo,
vis est nulla fatalis; in aliis autem fortuita quaedam
esse possunt, ut in illo naufrago, ut in Icadio, ut in
Daphita; quaedam etiam Posidonius – pace magis-   15
tri dixerim – comminisci videtur: sunt quidem absurda.

Quid enim? Si Daphitae fatum fuit ex equo cadere atque ita perire, ex hocne equo, cum equus
non esset, nomen habebat alienum? Aut Philippus   20
hasne in capulo quadrigulas vitare monebatur?
quasi vero capulo sit occisus. Quid autem magnum
naufragum illum sine nomine in rivo esse lapsum?
quamquam huic quidem hic scribit praedictum in
aqua esse pereundum. Ne hercule Icadii quidem   25

Ich entgegnete: »Kann mir etwa ein Vorschlag unangenehm sein, der dir angenehm ist? Doch wirst du mich hören
als einen Römer, als einen, der sich nur ängstlich an diese Art
des Disputierens heranwagt, als einen, der nach langer Unter-
brechung diese Studien wieder aufnimmt.«
    »In der Art will ich dich disputieren hören«, erwiderte Hir-
tius, »wie sich das liest, was du geschrieben hast. Beginne
also!«
    »Wollen wir uns dazu hierher setzen ...!«

                              *

»... in der einen Gruppe der vorgelegten Beispiele, z.B. beim
Dichter Antipatros, bei denen, die zur Wintersonnenwende
geboren wurden, bei den (Zwillings-)Brüdern, die zur gleichen Zeit erkrankten, beim Urin, bei den Fingernägeln und
bei den übrigen Dingen dieser Art bekundet sich die Macht
der ›Sympathie‹ – ich lasse sie gerne gelten! – aber um eine
dem Fatum zugeordnete Wirkung handelt es sich keineswegs.
Bei den anderen (genannten Beispielen) aber können Zufalls-
momente mitspielen, wie bei jenem Schiffbrüchigen, wie bei
Eikadios, wie bei Daphitas. Manche solche Fälle scheint Poseidonios – ich darf das ohne Kränkung meines Lehrers sagen – auch nur zu konstruieren: sie sind einfach absurd.
    Wie kann ich das behaupten? Nun, wenn es des Daphitas
Fatum war, vom Pferde zu fallen und so umzukommen,
mußte er dann von diesem ›Pferde‹ stürzen, das, da es kein
wirkliches Pferd war, einen falschen Namen trug? Oder war
(der Makedonen-)König Philipp gewarnt, sich vor diesem
Miniatur-Viergespann auf dem Schwertknauf zu hüten? – gerade als ob er mit dem Schwertgriff erstochen worden wäre!
Was ist aber schon Großes dabei, daß jener Unbekannte, der
einen Schiffbruch überlebt hatte, in einen Bach fiel? – wiewohl
Poseidonios in diesem Falle wenigstens angibt, es sei diesem
vorhergesagt gewesen, daß er im Wasser umkommen müsse.
Und nicht einmal im Schicksal des Räubers Eikadios kann ich

praedonis video fatum ullum: nihil enim scribit ei
praedictum. Quid mirum igitur ex spelunca saxum
in crura eius incidisse? Puto enim, etiam si Icadius   6
tum in spelunca non fuisset, saxum tamen illud casurum fuisse. Nam aut nihil omnino est fortuitum,   5
aut hoc ipsum potuit evenire fortuna.

   Quaero igitur – atque hoc late patebit –: si fati
omnino nullum nomen, nulla natura, nulla vis esset, et forte temere casu aut pleraque fierent aut omnia, num aliter, ac nunc eveniunt, evenirent? Quid   10
ergo adtinet inculcare fatum, cum sine fato ratio
omnium rerum ad naturam fortunamve referatur?

Sed Posidonium, sicut aequum est, cum bona gratia IV
dimittamus; ad Chrysippi laqueos revertamur! cui   7
quidem primum de ipsa contagione rerum respon-   15
deamus, reliqua postea persequemur.

Inter locorum naturas quantum intersit videmus: alios
esse salubris, alios pestilentis; in aliis pituitosos et quasi
redundantis, in aliis exsiccatos atque aridos; multaque
sunt alia, quae inter locum et locum plurimum diffe-   20
rant. Athenis tenue caelum, ex quo etiam acutiores
putantur Attici; crassum Thebis, itaque pingues Thebani et valentes. Tamen neque illud tenue caelum effi-
ciet, ut aut Zenonem quis aut Arcesilam aut Theo-
phrastum audiat, neque crassum, ut Nemea potius   25

im Ernste irgendeine Fatums-Erfüllung sehen: Poseidonios schreibt ja kein Wort davon, daß diesem etwas prophezeit worden sei. Was ist also Wunderbares daran, daß von der Deckenwölbung einer Höhle ein Stein auf seine Beine herabstürzte? Ich möchte nämlich meinen, jener Stein wäre auch dann heruntergefallen, wenn Eikadios gerade nicht in seiner Höhle gewesen wäre. Denn entweder gibt es überhaupt nichts Zufälliges, oder selbst dies konnte sich zufällig ereignen.

Ich frage also, und diese Frage wird weit reichen: Wenn es für das Fatum kein Wort, keine Vorstellung davon, keinen damit verbundenen Sinn gäbe, sondern das meiste oder auch alles von ungefähr, aufs Geratewohl, zufällig geschähe, würde es sich dann anders abspielen, als es sich jetzt abspielt? Was hat es also für einen Sinn, das Fatum ins Spiel zu bringen, wo doch ohne Fatum die Erklärung für alle Vorgänge aus der Natur oder dem Zufall gewonnen werden könnte?

Doch lassen wir Poseidonios, wie es billig ist, in Freundschaft beiseite und kehren wir zu den Fußangeln des Chrysipp zurück! Wollen wir uns mit ihm zuerst gleich bezüglich der ›Sympathie‹ auseinandersetzen; das übrige werden wir später behandeln.

Wir sehen, welch großer Unterschied zwischen der natürlichen Beschaffenheit verschiedener Orte besteht: die einen fördern die Gesundheit, die andern begünstigen Krankheiten; an den einen wohnen verschleimte und gleichsam überfeuchte Menschen, an den andern ausgetrocknete und dürre. Und es gibt noch viele weitere Merkmale, die von Ort zu Ort große Unterschiede aufweisen: In Athen ist die Luft zart, und darauf glaubt man den Scharfsinn der Attiker zurückführen zu können; in Theben dagegen ist sie dumpf, und deshalb sollen die Thebaner schwerfällig und kräftig sein. Und trotzdem wird weder jenes milde Klima bewirken, daß der eine sich zu den Hörern des Zenon, der andere zu denen des Arkesilaos oder Theophrast zählt, noch wird jenes dichte dafür verant-

quam Isthmo victoriam petat. Diiunge longius: quid 8
enim loci natura adferre potest, ut in porticu Pompei
potius quam in Campo ambulemus? tecum quam
cum alio? Idibus potius quam Kalendis?

Ut igitur ad quasdam res natura loci pertinet ali- 5
quid, ad quasdam autem nihil, sic astrorum adfectio
valeat, si vis, ad quasdam res, ad omnis certe non
valebit.
At enim, quoniam in naturis hominum dissimilitudines sunt, ut alios dulcia, alios subamara delec- 10
tent, alii libidinosi, alii iracundi aut crudeles aut su-
perbi sint, alii a talibus vitiis abhorreant:

‹quoniam igitur›, inquit, ‹tantum natura a natura
distat, quid mirum est has dissimilitudines ex differentibus causis esse factas?› 15

Haec disserens, qua de re agatur et in quo causa V
consistat, non videt. Non enim, si alii ad alia pro- 9
pensiores sunt propter causas naturalis et antecedentis, idcirco etiam nostrarum voluntatum atque
adpetitionum sunt causae naturales et antecedentes. 20
Nam nihil esset in nostra potestate, si ita se res haberet.

Nunc vero fatemur, acuti hebetesne, valentes in-
becilline simus, non esse id in nobis. Qui autem ex
eo cogi putat, ne ut sedeamus quidem aut ambule- 25
mus voluntatis esse, is non videt, quae quamque

wortlich zu machen sein, daß einer lieber nach dem Sieg in
Nemea trachtet als nach dem auf dem Isthmos. Geh noch
mehr in die Einzelheiten! Was kann denn die Beschaffenheit
eines Ortes für einen Einfluß darauf haben, daß ich lieber in
der Säulenhalle des Pompeius spazierengehe als auf dem
Marsfeld? Lieber mit dir als mit einem andern? Lieber an den
Iden als an den Kalenden?

Wie die geographische Beschaffenheit auf manche Dinge
einen Einfluß hat, auf andere aber nicht, so wird also, wenn
man will, auch der Einfluß der Gestirne auf gewisse Dinge
wirksam sein, sicher aber nicht auf alle.

Da aber nun zwischen den natürlichen Veranlagungen der
Menschen Unähnlichkeiten bestehen, so daß die einen an Sü-
ßem, die andern an Säuerlichem ihre Freude haben, daß die
einen sinnlich, die andern jähzornig, grausam oder hochfah-
rend sind, wieder andere aber vor solch bedenklichen Nei-
gungen Abscheu empfinden:

‹Da also›, sagt Chrysipp, ‹ein solcher Unterschied besteht
zwischen Naturanlage und Naturanlage, was ist es da
schon verwunderlich, wenn man diese Unterschiede ihrer
Entstehung nach auf unterschiedliche Ursachen zurück-
führt?›

Bei dieser seiner Darlegung sieht Chrysipp gar nicht, worum
es eigentlich geht und worin der Streitgegenstand besteht.
Wenn nämlich auf Grund natürlicher, vorausgehender Ursachen jeder zu etwas anderem hinneigt, so haben wir es deshalb noch lange nicht auch bei unseren Willensregungen und
Begehrungen mit natürlichen, vorausgehenden Ursachen zu
tun. Denn wenn die Sache sich so verhielte, läge nichts in unserer Verfügungsmacht.

Nun müssen wir freilich zugeben, daß es nicht in unserer
Macht liegt, ob wir scharfsinnig sind oder stumpf, kräftig
oder schwach. Wer aber glaubt, er könne daraus folgern, es
liege selbst das nicht in unserer Willensentscheidung, daß wir

rem res consequatur. Ut enim et ingeniosi et tardi
ita nascantur antecedentibus causis itemque valentes et inbecilli, non sequitur tamen, ut etiam sedere
eos et ambulare et rem agere aliquam principalibus
causis definitum et constitutum sit.   5

Stilponem, Megaricum philosophum, acutum   10
sane hominem et probatum temporibus illis accepi-
mus. Hunc scribunt ipsius familiares et ebriosum et
mulierosum fuisse; neque haec scribunt vituperan-
tes, sed potius ad laudem: vitiosam enim naturam   10
ab eo sic edomitam et conpressam esse doctrina, ut
nemo umquam vinolentum illum, nemo in eo libi-
dinis vestigium viderit.

Quid? Socraten nonne legimus quemadmodum
notarit Zopyrus physiognomon, qui se profitebatur   15
hominum mores naturasque ex corpore oculis
vultu fronte pernoscere? Stupidum esse Socraten
dixit et bardum, quod iugula concava non haberet:
obstructas eas esse partes et obturatas esse dicebat;
addidit etiam mulierosum – in quo Alcibiades ca-   20
chinnum dicitur sustulisse.

Sed haec ex naturalibus causis vitia nasci possunt,   11
exstirpari autem et funditus tolli, ut is ipse, qui ad ea
propensus fuerit, a tantis vitiis avocetur, non est id
positum in naturalibus causis, sed in voluntate stu-   25
dio disciplina.

sitzen oder umhergehen, der sieht nicht, wie Ursache und Wirkung sich zueinander verhalten. Denn angenommen, die Begabten und die Langsamen würden auf Grund vorausgehender Ursachen so geboren und ebenso die Starken und die Schwächlichen, so folgt doch daraus nicht, daß es auch Hauptursachen sind, durch die bestimmt und festgelegt ist, daß diese Menschen sitzen, umhergehen oder irgendeine Tätigkeit ausüben.

Von Stilpon, einem Philosophen der Megarischen Schule, wissen wir, daß er ein scharfsinniger Denker und ein zu seiner Zeit wohlangesehener Mann war. Und gerade über ihn schreiben seine Freunde, er habe das Zeug zu einem Trunkenbold und Schürzenjäger gehabt; doch schreiben sie das nicht im Tone des Tadelns, sondern vielmehr zu seinem Ruhme: Er habe nämlich seine natürliche Neigung zum Laster durch geistige Zucht so völlig bezähmt und unterdrückt, daß man ihn niemals betrunken sah, daß man nie eine Spur von Sinnlichkeit an ihm bemerkte.

Weiter: können wir nicht nachlesen, wie Zopyros den Sokrates charakterisiert hat? Und er war als Physiognom ein Mann, der sich darauf verstand, den Charakter und die Naturveranlagung eines Menschen von seinem Körperbau, seinen Augen, seinen Gesichtszügen und seiner Stirn abzulesen. ›Stupid und dumm‹ nannte er den Sokrates, weil er an der Kehle keine Einbuchtungen zwischen den Schlüsselbeinen habe, und er erklärte, diese Teile seien bei jenem versperrt und verstopft. Und er fügte noch hinzu, er sei hinter den Weibern her; – bei dieser Bemerkung freilich soll Alkibiades laut aufgelacht haben.

Solche Fehler können aus natürlichen Ursachen erwachsen; daß sie aber ausgerottet und von Grund auf ausgemerzt werden, so daß selbst der, der zu ihnen hinneigte, sich völlig von solchen Lastern zurückhält, das liegt nicht in natürlichen Ursachen begründet, sondern im Willen, im Streben, in der Zucht.

Quae tolluntur omnia, si vis et natura fati ex divina- VI
tionis ratione firmabitur. Etenim si est divinatio,
qualibusnam a perceptis artis proficiscitur? (Percepta appello, quae dicuntur Graece θεωρήματα.)
Non enim credo nullo percepto aut ceteros artifices   5
versari in suo munere aut eos, qui divinatione utan-
tur, futura praedicere.

Sint igitur astrologorum percepta huiusmodi: 12

‹Si quis verbi causa oriente Canicula natus est,
is in mari non morietur›.   10

Vigila, Chrysippe, ne tuam causam, in qua tibi cum
Diodoro, valente dialectico, magna luctatio est, de-
seras! Si enim est verum, quod ita conectitur:

‹Si quis oriente Canicula natus est,
is in mari non morietur›,   15

illud quoque verum est:

‹Si Fabius oriente Canicula natus est,
Fabius in mari non morietur›.

Pugnant igitur haec inter se

‹Fabium oriente Canicula natum esse›   20
et

Und das alles wird zunichte, wenn Wesen und Natur des Fatums an dem Argument, es gebe die Mantik, eine Stütze finden werden. Denn wenn es eine Mantik gibt, dann kann man danach fragen, von welchen theoretischen Voraussetzungen sie denn eigentlich ausgehe (Als theoretische Grundlagen bezeichne ich hier das, was man im Griechischen ›Theoremata‹ nennt). Denn so wenig ich von irgendeinem andern, der eine Kunst ausübt, glauben kann, daß er seiner Aufgabe ohne theoretisches Rüstzeug nachgeht, so wenig halte ich es für denkbar, daß diejenigen, welche die Mantik betreiben, ohne solche Voraussetzungen die Zukunft vorhersagen wollten.

Nehmen wir also einmal an, die Grundtheoreme der Astrologen lauteten folgendermaßen:

‹Wenn z. B. jemand beim Frühaufgang des Sirius geboren ist, wird er nicht im Meere den Tod finden.›

Nun sei auf der Hut, Chrysipp, daß du in deiner Auseinandersetzung mit dem gewaltigen Dialektiker Diodor, die du mit solchem Einsatz führst, nicht den kürzeren ziehst! Wenn es nämlich wahr ist, was folgendermaßen zu einer hypothetischen Periode gefügt wird:

‹Wenn jemand beim Frühaufgang des Sirius geboren ist, wird der nicht im Meer den Tod finden›,

dann ist auch jener andere Satz wahr:

‹Wenn Fabius beim Frühaufgang des Sirius geboren wurde, wird Fabius nicht im Meere den Tod finden.›

Es schließen sich also die beiden folgenden Aussagen gegenseitig aus:

(1) ‹daß Fabius beim Frühaufgang des Sirius geboren wurde› und

‹Fabium in mari moriturum›;

et quoniam certum in Fabio ponitur ‹natum esse
eum Canicula oriente›, haec quoque pugnant:

    et ‹esse Fabium›
    et   5
    ‹in mari esse moriturum.›

Ergo haec quoque coniunctio est ex repugnantibus:

    ‹Et est Fabius
    et in mari Fabius morietur›,

quod, ut propositum est, ne fieri quidem potest.   10
Ergo illud:

    ‹Morietur in mari Fabius›

ex eo genere est, quod fieri non potest. Omne ergo,
quod falsum dicitur in futuro, id fieri non potest.

At hoc, Chrysippe, minime vis, maximeque tibi de VII   15
hoc ipso cum Diodoro certamen est.   13

    Ille enim id solum fieri posse dicit, quod aut sit
    verum aut futurum sit verum, et
    quicquid futurum sit, id dicit fieri necesse esse, et
    quicquid non sit futurum, id negat fieri posse.   20

(2) ‹daß Fabius im Meere sterben wird›.

Und da bei Fabius als gewiß festgestellt wird: ‹Er ist beim Frühaufgang des Sirius geboren›, widerstreiten einander ferner auch folgende Aussagen:

(1) ‹daß Fabius existiert›
und
(2) ‹daß er im Meer sterben wird›.

Folglich ist auch folgende mit korrespondierenden Konjunktionen parataktisch gebildete Aussage in sich widersprüchlich:

‹Fabius existiert sowohl
als er auch im Meere sterben wird.›

Denn dies ist laut Voraussetzung unmöglich. Folglich ist der Satz:

‹Fabius wird im Meere sterben›,

von der Art dessen, was unmöglich ist. Daraus folgt wieder: Alles, was bezüglich der Zukunft falsch ausgesagt wird, kann unmöglich eintreffen.

Aber das willst du gerade nicht, Chrysipp, und gerade dies ist der Kernpunkt deines Streites mit Diodor. Jener nämlich behauptet:

(1) Nur das kann geschehen, was entweder in der Gegenwart wahr ist oder in der Zukunft wahr sein wird; und
(2) alles, was in der Zukunft geschehen wird, das trifft, so sagt er, mit Notwendigkeit ein; und alles was in der Zukunft nicht geschehen wird, das trifft nach seinen Worten mit Notwendigkeit nicht ein.

Tu et quae non sint futura, posse fieri dicis, ut
frangi hanc gemmam, etiamsi id numquam futurum sit,
neque necesse fuisse Cypselum regnare Corinthi,
quamquam id millesimo ante anno Apollinis ora-   5
culo editum esset.

At si ista conprobabis divina praedicta,

et quae falsa in futuris dicentur, in iis habebis, ut
ea fieri non possint, et,
si vere dicatur de futuro idque ita futurum sit, di-   10
cas esse necessarium;

quae est tota Diodori vobis inimica sententia.

Etenim si illud vere conectitur: 14

‹Si oriente Canicula natus es,
in mari non moriere›,   15

primumque quod est in conexo:

‹Natus es oriente Canicula›,

necessarium est – omnia enim vera in praeteritis necessaria sunt, ut Chrysippo placet dissentienti a magistro Cleanthe, quia sunt inmutabilia nec in falsum   20
e vero praeterita possunt convertere –, si igitur,
quod primum in conexo est, necessarium est, fit
etiam, quod consequitur, necessarium.

Du aber, Chrysipp, behauptest:

(1) Auch das, was in der Zukunft nicht eintreten wird, könnte dennoch geschehen, wie z. B., daß dieser Edelstein hier zerbricht, auch wenn das niemals geschehen wird; und (2) es habe andererseits nicht zwangsläufig geschehen müssen, daß Kypselos in Korinth als Tyrann regierte, selbst wenn dies schon tausend Jahre zuvor durch Apollons Orakel verkündet worden sein sollte.

Wenn du nun aber die fraglichen Weissagungen anerkennst, Chrysipp, wirst du

(1) das, was bezüglich der Zukunft falsch prophezeit wird, zu dem rechnen, was nicht geschehen kann, und (2) wenn hinsichtlich der Zukunft eine wahre Aussage gemacht wird und dies sich so zutragen wird, wirst du sagen, das sei zwangsläufig so.

Und das ist aufs Haar die gegen euch Stoiker stehende Meinung des Diodor auch.

Denn wenn jene kondizionale Periode richtig gebildet ist:

‹Wenn du beim Frühaufgang des Sirius geboren bist, wirst du nicht im Meere sterben›,

und wenn die Protasis in dieser Periode, nämlich:

‹Du bist beim Frühaufgang des Sirius geboren›,

unausweichlich ist – alle wahren Aussagen von der Vergangenheit sind nämlich unausweichlich, wie Chrysipp (abweichend von seinem Lehrer Kleanthes) lehrt, weil sie unabänderlich sind und weil sich Vergangenheit nicht vom Wahren zum Falschen verkehren kann –, wenn also diese Protasis unausweichlich ist, wird auch die Apodosis unausweichlich.

Quamquam hoc Chrysippo non videtur valere in
omnibus; sed tamen, si naturalis est causa, cur in
mari Fabius non moriatur, in mari Fabius mori non
potest.

Hoc loco Chrysippus aestuans falli sperat Chaldaeos VIII   5
ceterosque divinos neque eos usuros esse con-   15
iunctionibus, ut ita sua percepta pronuntient:

‹Si quis natus est oriente Canicula,
is in mari non morietur›,

sed potius ita dicant: 10

‹Non et natus est quis oriente Canicula,
et is in mari morietur›.

O licentiam iocularem! Ne ipse incidat in Diodorum, docet Chaldaeos, quo pacto eos exponere
percepta oporteat. Quaero enim, si Chaldaei ita lo-   15
quantur, ut negationes infinitarum coniunctionum
potius quam infinita conexa ponant, cur idem medici, cur geometrae, cur reliqui facere non possint?

Medicus in primis, quod erit ei perspectum in arte,
non ita proponet: 20

‹Si cui venae sic moventur,
is habet febrim›,

sed potius illo modo:

Nun meint Chrysipp allerdings, dieser Schluß sei nicht in allen Fällen bündig; es ist aber trotzdem so: Wenn es eine natürliche Ursache dafür gibt, daß Fabius nicht im Meere sterben wird, dann kann Fabius eben nicht im Meere sterben.

An dieser Stelle nun kommt Chrysipp ins Schwitzen und hofft darauf, die Chaldäer und die übrigen Wahrsager ließen sich täuschen und sie würden künftig keine Wenn-Sätze mehr verwenden, also bei der Verkündung ihrer Erkenntnisse nicht mehr sagen:

‹Wenn jemand beim Frühaufgang des Sirius geboren ist, wird er nicht im Meere sterben›,

sondern statt dessen lieber:

‹Nicht ist einer sowohl geboren beim Aufgang des Sirius als auch sein Tod im Meere stattfinden wird›.

Welch lächerliche Willkür! Damit er selbst nicht auf Diodor hereinfalle, will er die Chaldäer lehren, wie sie ihre Erkenntnisse gehörig zu formulieren hätten. Ich frage nämlich: Wenn die Chaldäer sich so ausdrücken sollen, daß sie der allgemeinen, negierten Korrelativparataxe den Vorzug geben vor der allgemein gehaltenen kondizionalen Hypotaxe, warum sollten dann die Ärzte, warum die Geometer, warum die übrigen Berufe nicht ein Gleiches tun können?

Der Arzt vor allem wird das, was er auf seinem Fachgebiet erkannt hat, nicht folgendermaßen formulieren:

‹Wenn bei einem die Adern in dieser Weise schlagen, dann hat er Fieber›,

sondern lieber folgendermaßen:

‹Non et venae sic cui moventur,
et is febrim non habet›.

Itemque geometres non ita dicet:

‹In sphaera maximi orbes medii inter se dividuntur›,   5

sed potius illo modo:

‹Non et sunt in sphaera maximi orbes,
et ii non medii inter se dividuntur›.

Quid est, quod non possit isto modo ex conexo 16
transferri ad coniunctionum negationem? Et qui-   10
dem aliis modis easdem res efferre possumus.
Modo dixi:

‹In sphaera maximi orbes medii inter se dividuntur›;

possum dicere: 15

‹Si in sphaera maximi orbes erunt›,

possum dicere:

‹Quia in sphaera maximi orbes erunt›.

Multa genera sunt enuntiandi, nec ullum distortius
quam hoc, quo Chrysippus sperat Chaldaeos con-   20
tentos Stoicorum causa fore. Illorum tamen nemo IX
ita loquitur; maius est enim has contortiones ora- 17
tionis quam signorum ortus obitusque perdiscere.

Sed ad illam Diodori contentionem, quam περὶ

‹Nicht schlagen bei einem sowohl die Adern so
als auch kein Fieber bei ihm feststellbar ist.›

Und ebenso wird ein Geometer sich nicht so ausdrücken:

‹Auf einer Kugel halbieren sich die Größtkreise gegenseitig›,

sondern lieber so:

‹Nicht gibt es auf einer Kugel sowohl Größtkreise
als sie sich auch nicht gegenseitig halbieren›.

Was gäbe es, das sich nicht auf solche Weise aus einer hypo-
taktischen Periode in eine negierte Parataxe umwandeln ließe?
Und dabei können wir das gleiche auch noch auf andere Ar-
ten ausdrücken. Eben sagte ich:

‹Auf einer Kugel halbieren sich die Größtkreise gegenseitig›.

Ich könnte auch sagen:

‹Wenn es auf einer Kugel Größtkreise gibt, …›

und könnte ferner sagen:

‹Weil es auf einer Kugel Größtkreise gibt, …›

Es gibt viele Ausdrucksmöglichkeiten, aber keine davon ist so
verschroben wie die, mit der sich, wie Chrysipp hofft, die
Chaldäer zufriedengeben sollen, um den Stoikern einen Ge-
fallen zu tun. Von jenen drückt sich jedoch keiner so aus. Es
wäre nämlich mehr verlangt, diese Sprachverrenkungen zu
beherrschen als die Auf- und Untergänge der Gestirne.
    Doch wollen wir zu jener These des Diodor zurückkehren!

δυνατῶν appellant, revertamur, in qua, quid valeat id, quod fieri possit, anquiritur.

Placet igitur Diodoro id solum fieri posse, quod aut verum sit aut verum futurum sit. Qui locus ad- tingit hanc quaestionem nihil fieri, quod non ne- cesse fuerit; et, quicquid fieri possit, id aut esse iam aut futurum esse; nec magis commutari ex veris in falsa posse ea, quae futura, quam ea, quae facta sunt; sed in factis inmutabilitatem apparere, in futu- ris quibusdam, quia non appareat, ne inesse quidem videri, ut in eo, qui mortifero morbo urgeatur, verum sit:

‹Hic morietur hoc morbo›,

at hoc idem, si vere dicatur in eo, in quo vis morbi tanta non appareat, nihilo minus futurum sit. Ita fit, ut commutatio ex vero in falsum ne in futuro qui- dem ulla fieri possit. Nam

‹Morietur Scipio›

talem vim habet, ut, quamquam de futuro dicitur, tamen ut id non possit convertere in falsum: de ho- mine enim dicitur, cui necesse est mori. Sic si dice- retur:

Man nennt sie ‹das Problem des Möglichen›, und es geht dabei um die Frage, wie man das Mögliche definiert.

Diodor vertritt also die Meinung: Es kann nur das eintreten, was entweder in der Gegenwart wahr ist oder in der Zukunft wahr sein wird. Dieser Satz steht in Verbindung mit der uns vorliegenden These,

(1) es geschehe nichts, was nicht eine Notwendigkeit dazu gehabt habe, und
(2) alles, was geschehen könne, sei entweder bereits eingetreten oder werde sich ereignen, und
(3) es könne sich das Zukünftige ebensowenig vom Wahren zum Falschen verkehren wie das bereits Vollzogene; nur liege bei Vollzogenem die Unabänderlichkeit auf der Hand, während bei gewissen Zukunftsereignissen diese Unabänderlichkeit, da sie nicht offensichtlich ist, auch nicht mitenthalten zu sein scheine; so wird bei einem Menschen, der von einer tödlichen Krankheit bedrängt wird, die Prophezeiung wahr sein:

‹Dieser wird an dieser Krankheit sterben›,

bei einem Todgeweihten aber, bei dem die große Gewalt der Krankheit nicht sichtbar zu Tage tritt, wird sie sich trotzdem verwirklichen, wenn sie wahrheitsgemäß gemacht wurde. Daraus ergibt sich, daß auch bei der Zukunft keinerlei Veränderung vom Wahren zum Falschen eintreten kann. So hat z. B. der Satz:

‹Scipio wird sterben›

zwar die Kraft, daß er, wiewohl von der Zukunft ausgesagt, sich nicht (vom Wahren) ins Falsche verkehren kann: Er betrifft ja einen Menschen, für den der Tod etwas Unausweichliches ist. Wenn aber dieser Satz folgendermaßen formuliert würde:

‹Morietur noctu in cubiculo suo vi oppressus
Scipio›,

vere diceretur; id enim fore diceretur, quod esset futurum; futurum autem fuisse ex eo, quia factum
est, intellegi debet. Nec magis erat verum ‹Morie-   5
tur Scipio› quam ‹Morietur illo modo›, nec magis
necesse mori Scipioni quam illo modo mori, nec
magis inmutabile ex vero in falsum ‹Necatus est
Scipio› quam ‹Necabitur Scipio›.

Nec, cum haec ita sint, est causa, cur Epicurus fa-   10
tum extimescat et ab atomis petat praesidium easque de via deducat et uno tempore suscipiat res
duas inenodabiles:

   unam, ut sine causa fiat aliquid, ex quo existet, ut
   de nihilo quippiam fiat, quod nec ipsi nec cui-   15
   quam physico placet;

   alteram, ut, cum duo individua per inanitatem ferantur, alterum e regione moveatur, alterum declinet.

Licet enim Epicuro concedenti omne enuntiatum   19   20
aut verum aut falsum esse non vereri, ne omnia fato
fieri sit necesse; non enim aeternis causis naturae
necessitate manantibus verum est id, quod ita enun-
tiatur:

   ‹Descendit in Academiam Carneades›,   25

‹Scipio wird nachts in seinem Schlafzimmer eines gewalt-
samen Todes sterben›,

dann wäre er eine echte Prophezeiung. Es würde nämlich das
als zukünftig ausgesagt, was sich ereignen sollte; daß aber von
der Vergangenheit her die Verwirklichung dieses Satzes be-
vorstand, ist erst daraus zu erkennen, daß es wirklich so geschehen ist. Und der Satz: ‹Scipio wird sterben› war nicht in
höherem Maße wahr als der: ‹Er wird auf die besagte Weise
sterben›; und es war nicht in höherem Grade notwendig, daß
Scipio sterbe, als daß er auf jene Weise sterbe; und der Satz:
‹Scipio ist ermordet worden› war nicht in höherem Maße unabänderlich wahr als der: ‹Scipio wird ermordet werden›.

Obwohl dem nun so ist, besteht kein Grund, es wie Epikur
zu machen: aus Furcht vor dem Fatum bei den Atomen Hilfe
zu suchen, sie obendrein noch aus ihrer Bahn springen zu lassen und so gleichzeitig zwei unauflösbare Schwierigkeiten auf
sich zu nehmen, nämlich:

(1) daß etwas ohne Ursache geschieht, woraus sich erge-
ben wird, daß etwas aus dem Nichts entsteht – eine Ansicht, die weder er selbst, geschweige denn ein Physiker
vertreten kann; und
(2) daß beim Fall durch den leeren Raum das eine von
zwei Atomen sich in gerader Linie bewegt, das andere aber
seine Bahn verläßt.

Es wäre Epikur nämlich möglich, einzuräumen, daß jede
Aussage entweder wahr oder falsch ist, ohne deshalb fürchten
zu müssen, daß damit alles durch ein Fatum determiniert sei;
denn es ist nicht durch ewige, aus der Naturnotwendigkeit
hervorgehende Ursachen wahr, was folgendermaßen formuliert wird:

‹Karneades steigt zur Akademie hinab›,

nec tamen sine causis; sed interest inter causas fortuito antegressas et inter causas cohibentis in se efficientiam naturalem. Ita et semper verum fuit:

   ‹Morietur Epicurus, cum duo et LXX annos vixe-
   rit, archonte Pytharato›   5

neque tamen erant causae fatales, cur ita accideret,
sed quod ita cecidit, certe casurum, sicut cecidit,
fuit.

Nec ii, qui dicunt inmutabilia esse, quae futura sint, 20
nec posse verum futurum convertere in falsum, fati   10
necessitatem confirmant, sed verborum vim interpretantur. At qui introducunt causarum seriem
sempiternam, ii mentem hominis voluntate libera
spoliatam necessitate fati devinciunt.

Sed haec hactenus; alia videamus. Concludit enim X   15
Chrysippus hoc modo:

   ‹Si est motus sine causa, non omnis enuntiatio,
   quod ἀξίωμα dialectici appellant, aut vera aut
   falsa erit; causas enim efficientis quod non habe-
   bit, id nec verum nec falsum erit;   20

   omnis autem enuntiatio aut vera aut falsa est; motus ergo sine causa nullus est.

und dennoch geschieht es nicht ohne Ursachen; es besteht
eben ein Unterschied zwischen Ursachen, die zufällig voraus-
gegangen sind, und solchen, die eine in der Natur begründete
Wirksamkeit in sich tragen. So war der Satz:

‹Epikur wird im 73. Lebensjahr unter dem Archontat des
Pytharatos sterben›,

immer wahr, und dennoch waren es keine im Fatum begrün-
deten Ursachen, weshalb es so hätte geschehen müssen, sondern weil das Ereignis so eintrat, war es schon in der Vergangenheit etwas, was sich mit Sicherheit künftig so ereignen
würde, wie es dann auch eingetreten ist.

Nicht diejenigen, die sagen, daß das Zukünftige unabänderlich sei und daß sich das künftig Wahre nicht in Falsches ver-
ändern könne, bekräftigen eine mit dem Fatum bezeichnete
Unausweichlichkeit – sie interpretieren doch nur die Bedeutung von Wörtern –, sondern diejenigen, die einen von Ewigkeit herrührenden Kausalnexus einführen, sind es, die den
Menschengeist seines freien Willens berauben und ihn in die
Zwangsläufigkeit eines Fatums einschnüren.

Doch dies nur so weit! Wollen wir weiter schauen! Chrysipp
zieht nämlich folgenden Schluß:

‹Wenn es eine Bewegung ohne Ursache gibt, dann wird
nicht jegliches Urteil – die Logiker nennen es im Griechischen ein ›Axiom‹ – nur entweder wahr oder falsch sein;
denn was keine bewirkenden Ursachen hat, wird weder
wahr noch falsch sein.

Nun ist aber jedes Urteil entweder wahr oder falsch: folglich gibt es keine Bewegung ohne Ursache.

Quod si ita est, omnia, quae fiunt, causis fiunt ante- 21
gressis; id si ita est, fato omnia fiunt;

efficitur igitur fato fieri, quaecumque fiant›.

Hic primum si mihi libeat adsentiri Epicuro et ne-
gare omnem enuntiationem aut veram esse aut fal-   5
sam, eam plagam potius accipiam, quam fato omnia fieri conprobem: illa enim sententia habet
aliquid disputationis, haec vero non est tolerabilis.

Itaque contendit omnis nervos Chrysippus, ut
persuadeat omne ἀξίωμα aut verum esse aut fal-   10
sum. Ut enim Epicurus veretur, ne, si hoc conces-
serit, concedendum sit fato fieri, quaecumque fiant – si enim alterum utrum ex aeternitate verum
sit, esse id etiam certum, et, si certum, etiam necessarium: ita et necessitatem et fatum confirmari pu-   15
tat –, sic Chrysippus metuit, ne, si non obtinuerit
omne, quod enuntietur, aut verum esse aut falsum,
non teneat omnia fato fieri et ex causis aeternis rerum futurarum.

Sed Epicurus declinatione atomi vitari necessitatem 22   20
fati putat. Itaque tertius quidam motus oritur extra
pondus et plagam, cum declinat atomus intervallo
minimo – id appellat ἐλάχιστον –; quam declinationem sine causa fieri, si minus verbis, re cogitur

Wenn dies aber so ist, geschieht alles, was geschieht, auf Grund von vorausgehenden Ursachen. Und wenn das stimmt, geschieht alles durch das Fatum.

Es folgt also daraus, daß alles, was geschieht, durch das Fatum geschieht.‹

Wenn mich hier zum erstenmal die Lust ankäme, es mit Epikur zu halten und zu leugnen, daß jedes Urteil entweder wahr oder falsch sei, dann möchte ich lieber diesen Schlag hinnehmen als zugeben, daß alles durch das Fatum geschehe: Denn über erstere Meinung kann man noch diskutieren, letztere aber ist einfach untragbar.

Das ist auch der Grund, weshalb Chrysipp mit aller Macht darauf aus ist, überzeugend nachzuweisen, daß jedes ›Axioma‹ nur entweder wahr oder falsch sein könne. Wie nämlich Epikur fürchtet, er müsse, wenn er diesen Satz vom ausgeschlossenen Dritten zugestehe, auch zugeben, daß alles, was geschieht, auf Grund des Fatums geschieht (wenn nämlich eines von beiden von Ewigkeit her wahr sei, so sei dies auch gewiß; und wenn es gewiß sei, sei es auch notwendig: und so glaubt er, daß damit sowohl die Zwangläufigkeit des Geschehens als auch das Fatum bestätigt werde), so fürchtet Chrysipp, wenn er die Behauptung, daß jedes Urteil nur entweder wahr oder falsch sei, nicht halten könne, könne er auch nicht aufrechterhalten, daß sich alles Geschehen auf Grund des Fatums und ewiger, die Zukunft bestimmender Ursachen vollziehe.

Epikur aber glaubt, durch die Lehre von der Bahnabweichung der Atome könne man der Zwangsläufigkeit des Geschehens entkommen. Und so kommt so etwas wie eine ›dritte Bewegung‹ zustande, die unabhängig ist von Schwerkraft und Impuls, wenn nämlich ein Atom um eine minimale Strecke – er nennt sie ›Elachiston‹ – aus seiner Bahn abweicht; daß diese Bahnabweichung aber ohne Ursache zu-

confiteri. Non enim atomus ab atomo pulsa declinat. Nam qui potest pelli alia ab alia, si gravitate feruntur ad perpendiculum corpora individua rectis
lineis, ut Epicuro placet? Sequitur enim, ut, si alia
ab alia numquam depellatur, ne contingat quidem   5
alia aliam. Ex quo efficitur, etiamsi sit atomus eaque
declinet, declinare sine causa. Hanc Epicurus ratio-   23
nem induxit ob eam rem, quod veritus est, ne, si
semper atomus gravitate ferretur naturali ac necessaria, nihil liberum nobis esset, cum ita moveretur   10
animus, ut atomorum motu cogeretur. Id Democritus, auctor atomorum, accipere maluit, necessitate
omnia fieri, quam a corporibus individuis naturalis
motus avellere.

Acutius Carneades, qui docebat posse Epicureos XI   15
suam causam sine hac commenticia declinatione
defendere. Nam cum docerent esse posse quendam
animi motum voluntarium, id fuit defendi melius
quam introducere declinationem, cuius praesertim
causam reperire non possent: quo defenso facile   20
Chrysippo possent resistere. Cum enim concessis-
sent motum nullum esse sine causa, non con-
cederent omnia, quae fierent, fieri causis antecedentibus: voluntatis enim nostrae non esse causas
externas et antecedentis.   25

standekommt, muß er, wenn schon nicht ausdrücklich, so doch der Sache nach wohl oder übel eingestehen. Denn es ist nicht so, als ob das Atom abwiche, weil es von einem anderen gestoßen würde. Wie könnte denn auch ein Atom von einem anderen einen Stoß erhalten, wenn alle Atome von der Schwerkraft in senkrechter Richtung in geradliniger Bewegung gehalten werden, wie Epikur lehrt? Es ist doch folgerichtig, daß dann, wenn ein Atom von einem anderen niemals weggestoßen wird, eines das andere auch nicht berührt. Und daraus folgt wieder, daß das Atom, wenn es ein solches überhaupt geben sollte und wenn es noch dazu eine Bahnabweichung erfährt, diese Abweichung ohne Ursache vollführt. Diesen Gedankengang hat Epikur aus dem Grunde eingeführt, weil er fürchtete, wenn das Atom immer nur durch die natürliche und zwangsläufige Schwerkraft bewegt würde, könne es für uns Menschen keine Freiheit geben, weil die Seele sich so bewegte, wie sie durch die Atombewegung dazu gezwungen würde. Und dies wollte Demokrit, der Erfinder der Atomtheorie, lieber in Kauf nehmen, daß nämlich alles auf Grund einer Zwangsläufigkeit geschehe, als den Atomen ihre natürlichen Bewegungen entreißen.

Mehr Scharfsinn bewies Karneades, der nachzuweisen versuchte, daß die Epikureer ihre Stellung auch ohne diese aus der Luft gegriffene Bahnabweichung (ihrer Atome) verteidigen könnten. Da sie nämlich lehrten, es könne eine Art von willentlicher Seelenbewegung geben, wäre es besser gewesen, diese Lehre zu verteidigen statt eine Bahnabweichung der Atome einzuführen, zumal sie keine Ursache dafür benennen könnten: Wenn sie jedoch jene willentliche Seelenbewegung verteidigten, könnten sie leicht gegen Chrysipp bestehen. Selbst wenn sie einräumten, es gebe keine ursachenlose Bewegung, brauchten sie noch lange nicht zuzugestehen, daß alles Geschehen auf Grund vorausgehender Ursachen erfolge: denn für den menschlichen Willen gebe es keine außerhalb seiner selbst liegenden vorausgehenden Ursachen.

Communi igitur consuetudine sermonis utimur, 24
cum ita dicimus: velle aliquid quempiam aut nolle
'sine causa'; ita enim dicimus 'sine causa', ut dicamus 'sine externa et antecedente causa', non 'sine
aliqua'; ut, cum vas 'inane' dicimus, non ita loqui-   5
mur, ut physici, quibus inane esse nihil placet, sed
ita, ut verbi causa sine aqua, sine vino, sine oleo
vas esse dicamus, sic, cum 'sine causa' animum dicimus moveri, 'sine antecedente et externa causa'
moveri, non 'omnino sine causa' dicimus.   10

De ipsa atomo dici potest, cum per inane moveatur gravitate et pondere, 'sine causa' moveri, quia
nulla causa accedat extrinsecus. Rursus autem, ne 25
omnes a physicis inrideamur, si dicamus quicquam
fieri 'sine causa', distinguendum est et ita dicen-   15
dum: ipsius individui hanc esse naturam, ut pondere et gravitate moveatur, eamque ipsam esse causam, cur ita feratur. Similiter ad animorum motus
voluntarios non est requirenda externa causa; motus enim voluntarius eam naturam in se ipse conti-   20
net, ut sit in nostra potestate nobisque pareat; nec
id 'sine causa': eius rei enim causa ipsa natura est.

Quod cum ita sit, quid est, cur non omnis pronun- 26
tiatio aut vera aut falsa sit, nisi concesserimus fato
fieri, quaecumque fiant?   25

‹Quia futura vera›, inquit, ‹non possunt esse ea,
quae causas, cur futura sint, non habent; habeant

Wir drücken uns also in unserer Umgangssprache ungenau
aus, wenn wir sagen, jemand wolle etwas ›ohne Grund‹ oder
wolle es ›ohne Grund‹ nicht; wenn wir nämlich sagen: ›ohne
Grund‹, so meinen wir eigentlich ›ohne außerhalb unseres
Willens liegende, vorausgehende Ursache‹, nicht aber ›ohne
jede Ursache‹. Wenn wir z.B. sagen, ein Gefäß sei ›leer‹, so
meinen wir das nicht so wie die Physiker, die lehren, es könne
nichts leer sein, sondern wir meinen das so, daß dieses Gefäß
z.B. kein Wasser, keinen Wein oder kein Öl enthalte; und
ebenso ist es, wenn wir sagen, die Seele rege sich ›ohne Ursache‹: Wir wollen damit sagen: ›ohne vorausgehende, außerhalb unseres Willens liegende Ursache‹, nicht aber ›überhaupt
ohne Ursache‹.

Und gerade vom Atom könnte man, da es sich auf Grund
der Schwerkraft und des Gewichtes durch den leeren Raum
bewegt, sagen, es bewege sich ›ohne Ursache‹, da keine Ursache von außen hinzutritt. Damit wir uns aber nicht wieder
allesamt von den Physikern auslachen lassen müssen, wenn
wir sagen, etwas geschehe ›ohne Ursache‹, müssen wir uns
hier mit Präzision so ausdrücken: Es sei die Natur des Atoms
selbst, sich unter der Einwirkung von Gewicht und Schwerkraft zu bewegen, und genau das sei auch die Ursache,
warum es so falle. In ähnlicher Weise braucht man für die willentlichen Seelenvorgänge nicht nach einer außerhalb der
Seele liegenden Ursache zu suchen; denn willentliche Bewegung schließt natürlich in sich, daß sie in unserer Verfügungsgewalt liegt und uns gehorcht, und zwar nicht ›ohne Ursache‹; denn die Ursache dafür ist die Natur selbst.

Wenn dieses Problem sich so lösen läßt, was gibt es dann
noch für einen Grund, daß nicht jedes Urteil entweder wahr
oder falsch ist, ohne daß wir zugestehen müssen, daß alles
Geschehen dem Fatum unterliegt?

‹Weil diejenigen Aussagen über zukünftige Ereignisse›, entgegnet Chrysipp, ›nicht wahr sein können, die keine Ursa-

igitur causas necesse est ea, quae vera sunt; ita, cum
evenerint, fato evenerint.›

Confectum negotium, si quidem concedendum tibi XII
est aut fato omnia fieri aut quicquam fieri posse sine
causa. An aliter haec enuntiatio vera esse non pot- 27   5
est:

   ‹Capiet Numantiam Scipio›,

nisi ex aeternitate causa causam serens hoc erit ef-
fectura? An hoc falsum potuisset esse, si esset ses-
centis saeculis ante dictum? Et si tum non esset vera 10
haec enuntiatio:

   ‹Capiet Numantiam Scipio›,

ne illa quidem vera esset:

   ‹Cepit Numantiam Scipio›.

Potest igitur quicquam factum esse, quod non 15
verum fuerit futurum esse? Nam ut praeterita ea
vera dicimus, quorum superiore tempore vera fuerit instantia, sic futura, quorum consequenti tempore vera erit instantia, ea vera dicemus.

Nec, si omne enuntiatum aut verum aut falsum est, 28   20
sequitur ilico esse causas immutabilis easque aeter-

che dafür haben, daß sie in der Zukunft eintreten; es ist also notwendig, daß diejenigen Aussagen, die wahr sind, Ursachen haben. Damit werden sie, wenn sie eintreten, auf Grund des Fatums eingetreten sein.›

Damit ist jede Diskussion zu Ende, wenn es nur die Alternative gibt, entweder zuzugeben, daß alles Geschehen dem Fatum unterliegt, oder daß es auch ein ursachenloses Geschehen gibt. Gibt es denn keine andere Möglichkeit, daß folgender Satz wahr ist:

‹Scipio wird Numantia erobern›,

außer daß Ursache sich von Ewigkeit her an Ursache reihend dies bewirken wird? Oder hätte dieser Satz etwa falsch sein können, wenn er vor unzähligen Jahrhunderten ausgesprochen worden wäre? Und wenn dieser Satz:

‹Scipio wird Numantia erobern›,

damals nicht wahr gewesen wäre, dann wäre auch jener nicht wahr:

‹Scipio hat Numantia erobert›.

Kann also irgend etwas vollzogene Tatsache sein, von dem es nicht in der Vergangenheit schon wahr gewesen ist, daß es sich künftig zutragen wird? Denn wie wir von Ereignissen der Vergangenheit die als wahr bezeichnen, deren künftiger Eintritt in der vorangegangenen Zeit wahr war, so werden wir auch die Voraussagen über künftige Ereignisse als wahr bezeichnen, von denen sich in der folgenden Zeit als wahr erweist, daß sie bevorstanden.

Doch folgt, wenn jedes Urteil nur entweder wahr oder falsch sein kann, keineswegs sogleich, daß es sich um unabänder-

nas, quae prohibeant quicquam secus cadere, atque
casurum sit. Fortuitae sunt causae, quae efficiant, ut
vere dicantur, quae ita dicentur:

<Veniet in senatum Cato>,

non inclusae in rerum natura atque mundo; et ta-   5
men tam est inmutabile venturum, cum est verum,
quam venisse; nec ob eam causam fatum aut necessitas extimescenda est. Etenim erit confiteri necesse, si hoc enuntiatum:

<Veniet in Tusculanum Hortensius>   10

verum non est, sequitur, ut falsum sit. Quorum isti
neutrum volunt; quod fieri non potest.

Nec nos inpediet illa ignava ratio, quae dicitur: appellatur enim quidam a philosophis ἀργὸς λόγος,
cui si pareamus, nihil omnino agamus in vita. Sic   15
enim interrogant:

<Si fatum tibi est ex hoc morbo convalescere, sive tu
medicum adhibueris sive non adhibueris, convalesces;
item, si fatum tibi es ex hoc morbo non convales-   29   20
cere, sive tu medicum adhibueris sive non adhibueris, non convalesces;
et alterutrum fatum est: medicum ergo adhibere nihil attinet>.

25

Recte genus hoc interrogationis ignavum atque XIII

liche und dazu von Ewigkeit her bestimmte Ursachen handelt, die verhindern, daß etwas sich anders zuträgt, als es sich
künftig zutragen wird. Es sind zufällige Ursachen, die bewirken, daß Aussagen, die folgendermaßen lauten, wahrheitsgemäß formuliert werden:

‹Cato wird in den Senat kommen›,

aber es sind keine Ursachen, die im Naturgesetz und Welten-
plan eingeschlossen wären; und dennoch ist, sofern es wahr
ist, ebenso unabänderlich, daß Cato (in den Senat) kommen
wird, wie daß er gekommen ist; aber deshalb braucht man
kein Fatum und keine Zwangsläufigkeit zu fürchten. Denn es
wird unumgänglich sein, dies zuzugestehen: Wenn der Satz:

‹Hortensius wird ins Tusculanum kommen›,

nicht wahr ist, folgt, daß er falsch ist. Die Epikureer aber wollen keines von beiden zulassen, und das ist unmöglich.

Auch wird uns jener sog. faule Beweis nicht irremachen. Die
Philosophen bezeichnen nämlich einen Beweis als ›Argos logos‹, wenn wir ihm folgend im Leben überhaupt keine Tat
mehr vollbringen können. Sie argumentieren nämlich folgendermaßen:

‹Wenn es für dich vom Fatum bestimmt ist, von dieser
Krankheit zu genesen, wirst du genesen, ob du einen Arzt
beiziehst oder keinen;
und umgekehrt: Wenn es dein Fatum ist, daß du aus dieser
Krankheit nicht genesen sollst, wirst du nicht genesen, ob
du nun einen Arzt beiziehst oder nicht;
und eines von beiden ist dein Fatum: folglich ist es sinnlos,
einen Arzt zu bemühen.›

Zu Recht trägt diese Art der Argumentation den Namen

iners nominatum est, quod eadem ratione omnis e
vita tolletur actio. Licet etiam inmutare, ut fati nomen ne adiungas et eandem tamen teneas sententiam, hoc modo:

   ‹Si ex aeternitate verum hoc fuit: ex isto morbo   5
convalesces, sive adhibueris medicum sive non adhibueris, convalesces;
itemque, si ex aeternitate falsum hoc fuit: ex isto
morbo convalesces, sive adhibueris medicum sive
non adhibueris, non convalesces›, deinde cetera.   10

Haec ratio a Chrysippo reprehenditur: ‹Quaedam 30
enim sunt›, inquit, ‹in rebus simplicia, quaedam copulata›. Simplex est:

   ‹Morietur illo die Socrates›;

huic sive quid fecerit sive non fecerit, finitus est mo-   15
riendi dies. At si ita fatum est:

   ‹Nascetur Oedipus Laio›,

non poterit dici:

   ‹sive fuerit Laius cum muliere sive non fuerit›;

copulata enim res est et 'confatalis'; sic enim appel-   20
lat, quia ita fatum sit et concubiturum cum uxore
Laium et ex ea Oedipum procreaturum, ut, si esset
dictum:

   ‹Luctabitur Olympiis Milon›

›faul‹ und ›tatenlos‹, weil auf diese Weise jeglicher Impuls zur
Tat aus dem Leben schwinden wird. Man könnte, um das Wort
›Fatum‹ ja auszuschließen und doch den gleichen Sinn zu be-
halten, den Schluß auch folgendermaßen umformulieren:

> ‹Wenn der Satz: "Du wirst von dieser Krankheit genesen,
> ob du einen Arzt beiziehst oder nicht", von Ewigkeit her
> wahr gewesen ist, dann wirst du genesen;
> und umgekehrt: Wenn der Satz: "Du wirst von dieser
> Krankheit genesen, ob du einen Arzt beiziehst oder nicht",
> von Ewigkeit her falsch gewesen ist, dann wirst du nicht
> genesen›, u.s.w.

Dieses Schlußverfahren wird von Chrysipp beanstandet. Es
gibt nämlich, so sagt er, in Wirklichkeit manches, was einfach
ist, und anderes, das auf Verknüpfung beruht. Einfach ist z.B.

> ‹Sokrates wird an jenem Tage sterben›.

Ihm ist ja, mag er nun etwas dazutun oder nicht, der Todestag
durch Gerichtsbeschluß festgesetzt. Wenn aber das Fatum so
lautet:

> ‹Es wird dem Laios ein Sohn Oidipus geboren werden›,

wird man nicht sagen können:

> ‹ob er nun einer Frau beiwohnte oder nicht›;

denn das ist eine aus mehreren Schicksalsbezügen verbundene
Sache: So nämlich nennt er dies, weil es mit dem Fatum: ›Laios
wird seiner Ehefrau beiwohnen und aus ihr den Oidipus zeu-
gen‹, ebenso steht, wie dann, wenn ein Spruch lautete:

> ‹Milon wird bei den Olympischen Spielen ringen›.

et referret aliquis:

‹Ergo sive habuerit adversarium sive non habuerit,
luctabitur›,

erraret; est enim copulatum ‹Luctabitur›, quia sine
adversario nulla luctatio est.   5

Omnes igitur istius generis captiones eodem
modo refelluntur.

‹Sive tu adhibueris medicum sive non adhibueris,
convalesces›

captiosum; tam enim est fatale medicum adhibere   10
quam convalescere. Haec, ut dixi, ‘confatalia’ ille
appellat.

Carneades genus hoc totum non probabat et nimis XIV
inconsiderate concludi hanc rationem putabat. Ita- 31
que premebat alio modo nec ullam adhibebat ca-   15
lumniam; cuius erat haec conclusio:

‹Si omnia antecedentibus causis fiunt, omnia naturali conligatione conserte contexteque fiunt; quod si
ita est, omnia necessitas efficit; id si verum est, nihil
est in nostra potestate.   20

Est autem aliquid in nostra potestate; at si omnia
fato fiunt, omnia causis antecedentibus fiunt; non
igitur fato fiunt, quaecumque fiunt›.

Wenn da einer entgegnen wollte:

‹Er wird also ringen, ob er nun einen Gegner hat oder
nicht›,

wäre er im Irrtum. ‹Er wird ringen› ist nämlich ein solcher
Fall von Koppelung, weil es ohne Gegner keinen Ringkampf
geben kann.

Es lassen sich also alle Trugschlüsse dieser Art auf die gleiche Weise widerlegen; und der Satz:

‹Ob du einen Arzt beiziehst oder nicht: du wirst
genesen›,

ist ein solcher Trugschluß: Es ist ja das Beiziehen eines Arztes
nicht minder vom Fatum bestimmt als die Wiedergenesung. –
Dies also bezeichnet Chrysipp, wie ich sagte, als Abhängig-
keit von mehreren Schicksalszusammenhängen.

Karneades nun billigte diese ganze Argumentation nicht und
glaubte, daß dieser Schluß allzu vorschnell gezogen werde. Deshalb setzte er den Hebel auf andere Weise an, ohne sich unzuläs-
siger Mittel zu bedienen. Sein Schlußverfahren war das folgende:

‹Wenn alles auf Grund vorangehender Ursachen geschieht,
dann geschieht alles auf Grund einer natürlichen, eng ver-
flochtenen Verkettung von Umständen. Wenn dem so ist,
dann ist es die Notwendigkeit, die alles bewirkt. Wenn dies
wahr ist, steht nichts in unserer Entscheidungsmacht.

Nun liegt aber etwas in unserer Entscheidungsmacht.
Wenn jedoch alles auf Grund des Fatums geschieht, geschieht alles auf Grund von vorangehenden, also außerhalb
unserer Entscheidungsmacht liegenden Ursachen. Daraus
folgt: Es geschieht nicht alles auf Grund des Fatums.›

Hoc artius adstringi ratio non potest. Nam si quis 32
velit idem referre atque ita dicere:

> ‹Si omne futurum ex aeternitate verum est, ut ita
> certe eveniat, quemadmodum sit futurum, omnia
> necesse est conligatione naturali conserte contexte-   5
> que fieri›,

nihil dicat. Multum enim differt, utrum causa naturalis ex aeternitate futura vera efficiat an etiam sine
aeternitate naturali, futura quae sint, ea vera esse
possint intellegi.   10

Itaque dicebat Carneades ne Apollinem quidem futura posse dicere nisi ea, quorum causas natura ita
contineret, ut ea fieri necesse esset. Quid enim
spectans deus ipse diceret Marcellum eum, qui ter   33
consul fuit, in mari esse periturum? Erat hoc qui-   15
dem verum ex aeternitate, sed causas id efficientis
non habebat. Ita ne praeterita quidem ea, quorum
nulla signa tamquam vestigia extarent, Apollini
nota esse censebat; quo minus futura! Causis enim
efficientibus quamque rem cognitis posse denique   20
sciri, quid futurum esset. Ergo nec de Oedipode
potuisse Apollinem praedicere nullis in rerum natura causis praepositis, cur ab eo patrem interfici
necesse esset, nec quicquam eiusmodi.

Quocirca, si Stoicis, qui omnia fato fieri dicunt, XV   25
consentaneum est huiusmodi oracla ceteraque,

Noch straffer läßt sich dieser Schluß nicht fassen. Es könnte zwar einer mit folgender Formulierung entgegnen:

‹Wenn bei allem Zukünftigen von Ewigkeit her wahr ist, daß es mit Sicherheit so eintritt, wie es dann eintreten wird, dann geschieht alles zwangsläufig auf Grund einer engverflochtenen Naturverkettung.›

Doch wer so formuliert, sagt letztlich nichts. Es ist nämlich ein großer Unterschied, ob eine natürliche, von Ewigkeit her angelegte Ursache Zukünftiges als wahr bestimmt oder ob man die künftigen Ereignisse auch ohne Rückgriff auf natürliche, von Ewigkeit angelegte Ursachen als wahr verstehen kann.

Deshalb sagte Karneades, nicht einmal Apollon könne zukünftige Ereignisse prophezeien, außer solchen, deren Ursachen die Natur so in sich beschlossen hält, daß sie mit Zwangsläufigkeit eintreten. Denn im Blick worauf könnte selbst ein Gott vorhersagen, daß der Marcellus, der dreimal Konsul war, im Meere umkommen werde? Dieses Ereignis war gewiß wahr von Ewigkeit, aber es hatte keine (in der Naturordnung verankerten) Ursachen, die es bewirkten. Und so glaubte er, daß nicht einmal diejenigen Ereignisse der Vergangenheit, von denen keine Zeichen gleichsam wie Spuren existieren, dem Apollon bekannt sein könnten: wieviel weniger erst die der Zukunft! Denn nur wenn man die Ursachen kenne, die jegliche Sache bewirken, könne man schließlich wissen, was sich in der Zukunft ereignen wird. Folglich konnte Apollon auch hinsichtlich des Oidipus nichts prophezeien, sofern es keine in der Naturordnung verankerten, vorausliegenden Ursachen gab, auf Grund deren es zwangsläufig dahin kommen mußte, daß er seinen Vater erschlug; und ebensowenig habe er andere Prophezeiungen solcher Art machen können.

Wenn es aber nun für die Stoiker, die sagen, alles Geschehen werde durch das Fatum bestimmt, folgerichtig ist, Orakel

quae a divinatione ducuntur, conprobare, iis autem,
qui, quae futura sunt, ea vera esse ex aeternitate dicunt, non idem dicendum est, vide, ne non eadem
sit illorum causa et Stoicorum: hi enim urgentur angustiis, illorum ratio soluta ac libera est.   5

Quod si concedatur nihil posse evenire nisi causa   34
antecedente, quid proficiatur, si ea causa non ex aeternis causis apta ducatur? 'Causa' autem ea est,
quae id efficit, cuius est causa, ut vulnus mortis,
cruditas morbi, ignis ardoris.   10

Itaque non sic 'causa' intellegi debet, ut, quod cuique antecedat, id ei causa sit, sed quod cuique efficienter antecedat; nec quod in Campum descende-
rim, id fuisse causae, cur pila luderem, nec
Hecubam causam interitus fuisse Troianis, quod   15
Alexandrum genuerit, nec Tyndareum Agamem-
noni, quod Clytaemestram. Hoc enim modo viator
quoque bene vestitus causa grassatori fuisse dicetur,
cur ab eo spoliaretur. Ex hoc genere illud est Ennii: 35

‹Utinam ne in nemore Pelio securibus   20
caesae accidissent abiegnae ad terram trabes!›

Licuit vel altius: ‹Utinam ne in Pelio nata ulla umquam esset arbor!› etiam supra: ‹Utinam ne esset-

dieser Art und alles übrige, was sich aus der Mantik ergibt, anzuerkennen, die Megariker hingegen, nach deren Meinung die künftigen Ereignisse von Ewigkeit her wahr sind, das gleiche nicht zu vertreten brauchen, so sieh zu, daß du die Position der letzteren nicht für die gleiche hältst wie die der Stoiker: die Stoiker unterliegen nämlich dem Zwang ihres Systems, die Ansicht der Megariker hingegen ist unabhängig und frei.

Wenn man aber einräumt, daß nichts sich ohne vorausgehende Ursache ereignen kann, was wird dann wohl erreicht, wenn man annimmt, diese Ursache sei nicht aus ewigen Ursachen gefügt? Unter ›Ursache‹ versteht man aber, was das zur Folge hat, wofür es die Ursache ist; so ist z. B. eine Verwundung die Ursache des Todes, ein verdorbener Magen die Ursache einer Krankheit, das Feuer die Ursache der Gluthitze.

Daher darf man ›Ursache‹ nicht so verstehen, daß das, was dem jeweiligen Ereignis zeitlich vorausgeht, schon dessen Ursache sei, sondern nur das, was jeweils mit Folgewirkung vorangeht; und man darf also nicht glauben, daß ich auf das Marsfeld hinunterstieg, sei die Ursache dafür gewesen, daß ich Ball spielte, auch nicht, daß Hekabe für die Trojaner die Ursache des Untergangs gewesen sei, weil sie den Paris gebar, oder Tyndareos für Agamemnon, weil er die Klytaimnestra zeugte. Denn auf diese Weise wird man noch sagen, ein Mensch, der sich gut gekleidet auf Reisen begeben habe, sei für den Straßenräuber die Ursache gewesen, ihn zu berauben. Zu dieser Art von Argumentation gehört die bekannte Enniusstelle:

‹O wären nicht in Pelions Wald, durch Äxtehieb
gefällt, gestürzt von Tannenholz zur Erd' die Balken!›

Er hätte noch weiter gehen können und sagen: ‹O wäre auf dem Pelion nie ein Baum gewachsen!› und noch weiter zurück: ‹O gäbe es doch keinen Pelion!› Und auf ähnliche Weise könnte

mons ullus Pelius!› similiterque superiora repetentem regredi infinite licet.

   ‹Neve inde navis inchoandi exordium
   coepisset!›

Quorsum haec praeterita? Quia sequitur illud: 5

   ‹Nam numquam era errans mea domo ecferret
                          (pedem
   Medea, animo aegro, amore saevo saucia.›

† non ut eae res causam adferrent amoris.

Interesse autem aiunt, utrum eiusmodi quid sit, sine XVI   10
quo effici aliquid non possit, an eiusmodi, cum quo 36
effici aliquid necesse sit. Nulla igitur earum est
'causa', quoniam nulla eam rem sua vi efficit, cuius
causa dicitur. Nec id, sine quo quippiam non fit,
causa est, sed id, quod, cum accessit, id, cuius est   15
causa, efficit necessario.

Nondum enim ulcerato serpentis morsu Philocteta
quae causa in rerum natura continebatur fore, ut is
in insula Lemno linqueretur? Post autem causa fuit
propior et cum exitu iunctior. Ratio igitur eventus 37   20
aperit causam.

Sed ex aeternitate vera fuit haec enuntiatio:

man durch immer weiteren Rückgriff auf frühere Voraussetzungen ins Endlose zurückgehen. ⟨Doch Ennius fährt fort:⟩

⟨Und hätte nicht von dort ein Schiff den Baubeginn
erfahren!⟩

Wohin zielt nun dieser Rückgriff in die Vergangenheit? Auf jene Stelle, die folgt:

⟨Denn niemals setzte irrend meine Herrin vor die Tür den
(Fuß,
Medea, krank im Herzen, wund von Liebesqual.⟩

⟨Dies sind indes⟩ keine Voraussetzungen, die eine Ursache für die Liebe ⟨der Medea⟩ mit sich brächten.

⟨Die Akademiker⟩ erklären aber, es mache einen Unterschied aus, ob es sich um eine Ursache von der Art handelt, daß etwas ohne sie nicht bewirkt werden kann, oder von der Art, daß mit ihr zusammen eine Folge zwangsläufig eintritt. Also ist keiner von den oben genannten Umständen eine ›Ursache‹, da ja keiner von ihnen aus eigener Kraft das bewirkt, dessen Ursache er sein soll. Und auch das, bei dessen Fehlen etwas nicht geschieht, ist keine Ursache, sondern das, was durch sein Hinzutreten mit Notwendigkeit das bewirkt, dessen Ursache es ist.

Denn was war z.B. zu einem Zeitpunkt, als Philoktetes noch nicht vom Schlangenbiß verwundet war, in der Naturordnung für eine Ursache dafür beschlossen, daß er auf der Insel Lemnos zurückgelassen werde? Hinterher aber fand sich eine naheliegende, mit dem Ergebnis enger verbundene Ursache. Die Art und Weise des Ergebnisses ist es also, die die Ursache erschließt.

Und doch war von Ewigkeit her dieser Satz wahr:

‹Relinquetur in insula Philoctetes›,

nec hoc ex vero in falsum poterat convertere. Necesse est enim in rebus contrariis duabus (contraria
autem hoc loco ea dico, quorum alterum ait quid,
alterum negat), ex iis igitur necesse est invito Epi-   5
curo alterum verum esse, alterum falsum; ut ‹Sauciabitur Philoceta› omnibus ante saeculis verum
fuit, ‹Non sauciabitur› falsum; nisi forte volumus
Epicureorum opinionem sequi, qui tales enuntiationes nec veras nec falsas esse dicunt, aut, cum id pu-   10
det, illud tamen dicunt, quod est impudentius:

veras esse ex contrariis diiunctiones, sed,
quae in his enuntiata essent, eorum neutrum esse
verum.

O admirabilem licentiam et miserabilem inscien- 38   15
tiam disserendi! Si enim aliquid in eloquendo nec
verum nec falsum est, certe id verum non est; quod
autem verum non est, qui potest non falsum esse?
aut, quod falsum non est, qui potest non verum
esse? Tenebitur igitur id, quod a Chrysippo defen-   20
ditur:

omnem enuntiationem aut veram aut falsam esse.

Ratio ipsa coget et ex aeternitate quaedam esse
vera, et ea non esse nexa causis aeternis, et a fati necessitate esse libera.   25

Ac mihi quidem videtur, cum duae sententiae XVII

‹Philoktetes wird auf der Insel zurückgelassen werden›,

und dies konnte sich nicht vom Wahren zum Falschen verkehren. Es ist nämlich von zwei gegensätzlichen Aussagen
(als gegensätzlich bezeichne ich an dieser Stelle solche Aussagen, von denen die eine etwas behauptet, die andere aber das
gleiche negiert) – es ist also von solchen Aussagen, auch wenn
es Epikur nicht so will, zwangsläufig die eine richtig, die andere falsch; so daß also der Satz: ‹Philoktetes wird verwundet
werden›, schon vor allen Jahrhunderten wahr war, der Satz:
‹Er wird nicht verwundet werden›, hingegen falsch; es sei
denn, wir wollten uns der Ansicht der Epikureer anschließen,
die behaupten, solche Aussagen seien weder wahr noch
falsch, oder, wenn sie sich dessen schämen, doch wenigstens –
und das ist noch schamloser – erklären:

‹Zwar seien disjunktive Urteile als solche wahr,
aber von den beiden gegensätzlichen Behauptungen, die sie
enthielten, sei keine wahr.›

Welch erstaunliche Willkür, welch bejammernswerte Unkennt-
nis der Logik! Wenn nämlich in einer Aussage das geringste
weder wahr noch falsch ist, dann ist sicherlich die ganze Aussage nicht wahr. Wie aber kann das, was nicht wahr ist, etwas
anderes sein als falsch? Oder: Wie kann das, was nicht falsch
ist, etwas anderes sein als wahr? Man wird also den von Chrysipp verteidigten Satz aufrechterhalten können:

‹Jedes Urteil ist entweder wahr oder falsch.›

Die Logik selbst wird zu der Erkenntnis zwingen, daß gewisse Aussagen von Ewigkeit her wahr sind, und daß sie
nicht an ewige Ursachen geknüpft sind, sondern frei sind
vom Zwang des Fatums.

Ich für meine Person sehe die Sache folgendermaßen: Es gab

fuissent veterum philosophorum, una eorum, qui 39
censerent omnia ita fato fieri, ut id fatum vim necessitatis adferret, in qua sententia Democritus, Hera-
clitus, Empedocles, Aristoteles fuit, altera eorum,
quibus viderentur sine ullo fato esse animorum mo-   5
tus voluntarii, Chrysippus tamquam arbiter honorarius medium ferire voluisse, sed adplicat se ad eos
potius, qui necessitate motus animorum liberatos
volunt; dum autem verbis utitur suis, delabitur in
eas difficultates, ut necessitatem fati confirmet invi-   10
tus.

Atque hoc, si placet, quale sit, videamus in 'adsen- 40
sionibus', quas prima oratione tractavi. Eas enim veteres illi, quibus omnia fato fieri videbantur, vi effici
et necessitate dicebant. Qui autem ab iis dissentie-   15
bant, fato adsensiones liberabant negabantque fato
adsensionibus adhibito necessitatem ab his posse
removeri; iique ita disserebant:

<Si omnia fato fiunt, omnia fiunt causa antecedente;
et, si adpetitus, illa etiam, quae adpetitum secuntur,   20
ergo etiam adsensiones;

at, si causa adpetitus non est sita in nobis, ne ipse
quidem adpetitus est in nostra potestate; quod si ita
est, ne illa quidem, quae adpetitu efficiuntur, sunt
sita in nobis;   25

unter den alten Philosophen zwei Lehrmeinungen: die einen
vertraten die Ansicht, alles sei in der Weise durch das Fatum
bestimmt, daß dieses Fatum eine zwangsläufige Gewalt mit
sich bringe; Vertreter dieser Meinung waren Demokrit, He-
raklit, Empedokles, Aristoteles. Die anderen waren der Ansicht, die Seelenregungen seien ohne jeden Einfluß des Fatums vom Willen bestimmt. Und zwischen diesen streitenden
Parteien wollte Chrysipp gleichsam als Ehrenschiedsrichter
einen Mittelweg finden, doch schlägt er sich mehr auf die
Seite derer, die die Seelenregungen vom Zwang der Notwendigkeit frei wissen wollen. Während er sich aber dazu seiner
Terminologie bedient, gleitet er in solche Schwierigkeiten,
daß er die Zwangsläufigkeit des Fatums bestätigt, ohne es zu
wollen.

Und wie dies zugeht, wollen wir, wenn es Dir, ⟨Hirtius⟩, recht
ist, am Beispiel der ›Zustimmungen‹ betrachten, von denen
ich schon eingangs sprach. Diejenigen von den Alten, welche
alles Geschehen dem Fatum unterworfen wissen wollten, er-
klärten, daß jene ›Zustimmungen‹ mit zwangsläufiger Gewalt
zustande kämen. Ihre Gegner aber befreiten die ›Zustimmungen‹ vom Fatum und versicherten, man könne bei Zulassung
einer Fatums-Wirkung auf die ›Zustimmungen‹ die Zwangsläufigkeit nicht von ihnen fernhalten. Ihre Argumentation
war die folgende:

⟨Wenn alles Geschehen dem Fatum unterliegt, geschieht alles auf Grund einer vorausgehenden Ursache; und wenn
das für das triebhafte Begehren gilt, dann auch für dessen
Folgen, somit also auch für die ›Zustimmungen‹.

Wenn aber die Ursache für den Triebimpuls nicht in unserer Verfügungsmacht liegt, ist auch der Triebimpuls selbst
nicht in unserer Verfügungsgewalt; und wenn dies zutrifft,
liegt auch das, was durch den Triebimpuls bewirkt wird,
nicht in unserer Macht.

non sunt igitur neque adsensiones neque actiones in
nostra potestate.

Ex quo efficitur, ut nec laudationes iustae sint nec
vituperationes, nec honores nec supplicia›.

Quod cum vitiosum sit, probabiliter concludi pu-   5
tant non omnia fato fieri, quaecumque fiant.

Chrysippus autem, cum et necessitatem inprobaret XVIII
et nihil vellet sine praepositis causis evenire, causa-   41
rum genera distinguit, ut et necessitatem effugiat et
retineat fatum.   10

‹Causarum enim›, inquit, ‹aliae sunt perfectae et
principales, aliae adiuvantes et proximae. Quam ob
rem, cum dicimus omnia fato fieri causis antecedentibus, non hoc intellegi volumus: causis perfectis et principalibus, sed: causis adiuvantibus et pro-   15
ximis›.

Itaque illi rationi, quam paulo ante conclusi, sic oc-
currit:

‹Si omnia fato fiant, sequi illud quidem, ut omnia
causis fiant antepositis, verum non principalibus   20
causis et perfectis, sed adiuvantibus et proximis.

Quae si ipsae non sunt in nostra potestate, non sequitur, ut ne adpetitus quidem sit in nostra potestate. At hoc sequeretur, si omnia perfectis et princi-

Folglich sind weder die ›Zustimmungen‹ noch die Hand-
lungen in unserer freien Macht gelegen.

Und daraus ergibt sich, daß weder Lob noch Tadel, weder
Auszeichnung noch Strafe gerecht sind.›

Da dieses Ergebnis aber fehlerhaft ist, darf man, wie sie glauben, mit Wahrscheinlichkeit darauf schließen, daß nicht alles
Geschehen dem Fatum unterliegt.

Da nun Chrysipp einerseits eine Zwangsläufigkeit des Geschehens ablehnte, andererseits nicht zulassen wollte, daß irgend etwas ohne vorausliegende Ursache geschehe, trifft er
eine Unterscheidung der Ursachenarten, um die Zwangsläufigkeit zu vermeiden und doch das Fatum zu retten. Er sagt
nämlich:

‹Von den Ursachen sind die einen vollkommene Hauptursachen, die anderen mithelfende Nebenursachen. Wenn
wir daher sagen, alles geschehe durch das Fatum auf Grund
vorausgehender Ursachen, so wollen wir das nicht so ver-
standen wissen, als ob es sich um vollkommene Hauptursachen handle, sondern es soll sich um helfende Nebenursachen handeln.›

Und so entgegnet er auf das eben vorgeführte Schlußverfahren folgendermaßen:

‹Wenn alles durch das Fatum geschieht, folgt zwar, daß alles auf Grund vorausliegender Ursachen geschieht, aber
eben nicht auf Grund von vollkommenen Hauptursachen,
sondern von mithelfenden Nebenursachen.

Wenn letztere als solche nicht in unserer Macht liegen, folgt
nicht, daß auch der Triebimpuls nicht in unserer Macht
liegt. Das folgte jedoch, wenn wir behaupten wollten, daß

palibus causis fieri diceremus, ut, cum eae causae
non essent in nostra potestate, ne ille quidem esset
in nostra potestate›.

Quam ob rem, qui ita fatum introducunt, ut neces-   42
sitatem adiungant, in eos valebit illa conclusio; qui   5
autem causas antecedentis non dicent perfectas neque principalis, in eos nihil valebit.

Quod enim dicantur adsensiones fieri causis antepositis, id quale sit, facile a se explicari putat. Nam
quamquam adsensio non possit fieri nisi commota   10
viso, tamen, cum id visum proximam causam habeat, non principalem, hanc habet rationem, ut
Chrysippus vult, quam dudum diximus; non ut illa
quidem fieri possit nulla vi extrinsecus excitata –
necesse est enim adsensionem viso commoveri –,   15
sed revertitur ad cylindrum et ad turbinem suum,
quae moveri incipere nisi pulsa non possunt. Id autem cum accidit, suapte natura, quod superest, et
cylindrum volvi et versari turbinem putat.

‹Ut igitur›, inquit, ‹qui protrusit cylindrum, dedit XIX   20
ei principium motionis, volubilitatem autem non   43
dedit, sic visum obiectum inprimet illud quidem et
quasi signabit in animo suam speciem, sed adsensio
nostra erit in potestate, eaque, quemadmodum in

alles auf Grund vollkommener Hauptursachen von solcher
Art geschehe, daß auch der Triebimpuls nicht in unserer
Macht steht, da ja jene Art von Ursachen nicht in unserer
Macht liegt.›

Deshalb wird jener Schluß gegen diejenigen, die das Fatum so
einführen, daß sie es mit der Zwangsläufigkeit verkoppeln,
gelten. Gegen die jedoch, die die vorauslaufenden Ursachen
nicht als vollkommene Hauptursachen bezeichnen, wird er
nichts ausrichten.
   Wenn es nämlich heißt, die ›Zustimmungen‹ geschähen auf
Grund von vorausliegenden Ursachen, so glaubt er leicht erklären zu können, wie sich das verhält. Denn obwohl eine
›Zustimmung‹ nicht erfolgen kann, wenn sie nicht durch
einen visuellen Eindruck hervorgerufen wurde, gilt für sie, da
sie diesen Eindruck als Nebenursache, nicht aber als Hauptursache hat, dennoch, wie Chrysipp will, die von uns schon
vorhin erwähnte Erklärung; es ist ja nicht so, als ob jene ‹Zustimmung› entstehen könnte, ohne daß sie durch eine Kraft
von außen angestoßen würde – es ist nämlich nötig, daß die
›Zustimmung‹ durch einen visuellen Eindruck ausgelöst
wird –, doch hier kehrt Chrysipp wieder zu seiner Walze und
zu seinem Kreisel zurück, die keine Bewegung beginnen können, wenn sie nicht zuvor einen Impuls (von außen) erhalten
haben. Wenn aber diese Voraussetzung erfüllt ist, dreht sich
nach Chrysipps Ansicht die Walze und rotiert der Kreisel fürs
weitere auf Grund seiner eigenen Natur.

   ‹Wie also›, so sagt er, ‹derjenige, der die Walze angestoßen hat, ihr nur den Beginn der Bewegung mitteilte, nicht
aber die Fähigkeit zur Bewegung, so wird jener sich
bietende visuelle Eindruck zwar sein Bild der Seele einprä-
gen und gleichsam eingravieren, die ›Zustimmung‹ dazu
wird jedoch in unserer Verfügungsmacht liegen, und sie
wird, nachdem sie den Impuls von außen empfangen hat,
sich von da an mit eigener Kraft und aus ihrer eigenen Na-

cylindro dictum est, extrinsecus pulsa, quod reliquum est, suapte vi et natura movebitur.

Quod si aliqua res efficeretur sine causa antecedente, falsum esset omnia fato fieri; sin omnibus,
quaecumque fiunt, verisimile est causam antece-   5
dere, quid adferri poterit, cur non omnia fato fieri
fatendum sit? modo intellegatur, quae sit causarum
distinctio ac dissimilitudo›.

Haec cum ita sint a Chrysippo explicata, si illi, qui   44
negant adsensiones fato fieri, fateantur tamen eas   10
non sine viso antecedente fieri, alia ratio est; sed si
concedunt anteire visa, nec tamen fato fieri adsensiones, quod proxima illa et continens causa non
moveat adsensionem, vide, ne idem dicant.

Neque enim Chrysippus concedens adsensionis   15
proximam et continentem causam esse in viso positam neque eam causam esse ad adsentiendum necessariam concedet, ut, si omnia fato fiant, omnia
causis fiant antecedentibus et necessariis; itemque
illi, qui ab hoc dissentiunt, confitentes non fieri ad-   20
sensiones sine praecursione visorum dicent, si omnia fato fierent eiusmodi, ut nihil fieret nisi praegressione causae, confitendum esse fato fieri omnia:
Ex quo facile intellectu est, quoniam utrique pate-

tur bewegen, so wie es eben an der Walze demonstriert
wurde.

Denn wenn auch nur *eine* Folge ohne vorangehende Ursache einträte, wäre der Satz falsch, daß *alles* auf Grund des
Fatums geschieht. Wenn aber wahrscheinlich ist, daß allem
Geschehen eine Ursache vorangeht, was wird man dann
als Argument dagegen vorbringen können, daß alles auf
Grund des Fatums geschieht? Man braucht nur recht zu
verstehen, worin die Ursachen sich unterscheiden und worin sie einander unähnlich sind.›

So ist dies von Chrysipp entwickelt worden. Wenn nun jene,
die dagegen auftreten, daß die ›Zustimmungen‹ auf Grund
des Fatums geschehen, zugestehen sollten, daß diese dennoch
nicht ohne vorausgehenden visuellen Eindruck zustande
kommen, so ist das eine andere Art der Argumentation.
Wenn sie aber einräumen, daß visuelle Eindrücke vorausgehen, ohne daß deshalb die ›Zustimmungen‹ auf Grund des
Fatums geschähen, weil eben jene oben definierte nächstver-
bundene Nebenursache die ›Zustimmung‹ nicht zwingend
herbeiführe, dann sieh zu, ob sie nicht letztlich das gleiche sagen wie Chrysipp.
   Denn Chrysipp räumt zwar ein, daß im visuellen Eindruck
eine Nebenursache liegt, aber er wird nicht einräumen, daß
diese Art der Ursache das ›Zustimmen‹ zwangsläufig herbeiführe, so daß, wenn alles durch das Fatum geschieht, alles auf
Grund von vorausgehenden und zwangsläufig wirkenden
Ursachen geschähe. Und ebenso werden seine Gegner, wenn
sie zugeben, daß die ›Zustimmungen‹ nicht ohne Vorangang
visueller Eindrücke erfolgen, erklären, daß dann, wenn alles
auf Grund eines Fatums von der Art geschähe, daß nichts
ohne Vorangang einer Ursache geschieht – daß dann also ein-
zugestehen sei, daß alles durch ein Fatum geschehe. Und daraus läßt sich leicht erkennen, daß die beiden Parteien, da sie ja
nach Offenlegung und Entwicklung ihrer Ansichten zum

facta atque explicata sententia sua ad eundem ex-
itum veniant, verbis eos, non re dissidere.

Omninoque, cum haec sit distinctio, ut quibusdam 45
in rebus vere dici possit, cum hae causae antegressae sint, non esse in nostra potestate, quin illa eve- 5
niant, quorum causae fuerint; quibusdam autem in
rebus causis antegressis in nostra tamen esse potestate, ut illud aliter eveniat: hanc distinctionem utrique adprobant, sed alteri censent, quibus in rebus,
cum causae antecesserint, non sit in nostra potes- 10
tate, ut aliter illae eveniant, eas fato fieri; quae autem in nostra potestate sint, ab iis fatum abesse ...

*

Hoc modo hanc causam disceptari oportet, non ab XX
atomis errantibus et de via declinantibus petere 46
praesidium. 15
   ‹Declinat›, inquit, ‹atomus›. Primum cur?
Aliam enim quandam vim motus habebant a Democrito inpulsionis, quam 'plagam' ille appellat, a
te, Epicure, gravitatis et ponderis. Quae ergo nova
causa in natura est, quae declinet atomum? Aut 20
num sortiuntur inter se, quae declinet, quae non?
Aut cur minimo declinent intervallo, maiore non?
Aut cur declinent uno minimo, non declinent duobus aut tribus? Optare hoc quidem est, non disputare! Nam neque extrinsecus inpulsam atomum 47 25

gleichen Ergebnis kommen, sich gar nicht der Sache nach unterscheiden, sondern nur in der Ausdrucksweise.

Und aufs ganze gesehen verhält sich die Sache so: Man kann
Fälle unterscheiden, bei denen man richtig vorhersagen kann,
daß es dann, wenn bestimmte Ursachen vorangegangen sind,
nicht in unserer Macht liegt zu verhindern, daß die Folgen
eintreten, für die diese Ursachen vorlagen. Und man kann andererseits Fälle unterscheiden, bei denen es trotz Vorangangs
von Ursachen in unserer Macht liegt, daß der Prozeß anders
abläuft. Diese Unterscheidung billigen nun beide Parteien.
Aber die einen meinen, daß die Geschehnisse, bei denen es
nach Vorangang von Ursachen nicht in unserer Macht liegt,
daß der Geschehnisprozeß anders abläuft, eben durch das Fatum so geschehen, daß aber die Geschehnisse, bei denen eine
Beeinflussung des Geschehnisablaufes in unserer Macht liegt,
frei seien vom Einfluß des Fatums. ⟨Die andern hingegen meinen, daß …⟩

*

Auf diese Weise muß man dieses Problem erörtern, und man
braucht da nicht bei umherirrenden und aus ihrer Bahn sprin-
genden Atomen Hilfe zu holen.
    ⟨Es weicht das Atom von der Bahn ab⟩, sagt Epikur. Ich
frage zuerst einmal: Warum? Es hatten doch bei Demokrit
die Atome eine andere bewegende Kraft, die er ›Schlag‹
nennt; bei dir aber, Epikur, besteht sie in Schwerkraft und
Gewicht. Was ist das also für eine neue Ursache in der Natur,
die das Atom aus der Bahn abweichen lassen soll? Oder losen
sie etwa untereinander, welches seine Bahn verlassen soll und
welches nicht? Ferner: Warum weichen sie gerade um eine
Minimalstrecke ab und nicht um eine größere? Oder: Warum
weichen sie nur um *ein* solches Minimum ab, nicht aber um
zwei oder drei? So etwas nenne ich ein Wunschdenken, nicht
aber ein wissenschaftliches Diskutieren! Denn du sagst, es sei

loco moveri et declinare dicis, neque in illo inani,
per quod feratur atomus, quicquam fuisse causae,
cur ea non e regione ferretur, nec in ipsa atomo mu-
tationis aliquid factum est, quamobrem naturalem
motum sui ponderis non teneret.   5

Ita cum adtulisset nullam causam, quae istam declinationem efficeret, tamen aliquid sibi dicere videtur,
cum id dicat, quod omnium mentes aspernentur ac
respuant.

Nec vero quisquam magis confirmare mihi videtur 48   10
non modo fatum, verum etiam necessitatem et vim
omnium rerum, sustulisseque motus animi voluntarios quam hic, qui aliter obsistere fato fatetur se
non potuisse, nisi ad has commenticias declinationes confugisset. Nam, ut essent atomi, quas qui-   15
dem esse mihi probari nullo modo potest, tamen
declinationes istae numquam explicarentur. Nam si
atomis, ut gravitate ferantur, tributum est necessitate naturae, quod omne pondus nulla re inpediente
moveatur et feratur necesse est, illud quoque ne-   20
cesse est, declinare quibusdam atomis vel, si volunt,
omnibus naturaliter ..."

weder ein von außen wirkender Impuls, durch den das Atom
von seinem Platz bewegt und aus der Bahn geworfen wird,
noch habe es in jenem leeren Raum, durch den das Atom da-
hinfliegt, irgendeine Ursache gegeben, weshalb es seine ge-
radlinige Bahn nicht weiterverfolgt; aber auch im Atom selbst
habe sich keinerlei Veränderung vollzogen, derentwegen es
seine normale, vom Gewicht bestimmte Bewegung nicht bei-
behalten sollte.

Obwohl er somit keine Ursache beibrachte, die diese Bahnabweichung zur Folge hätte, bildet er sich ein, damit etwas
Gescheites zu sagen, während er doch nur etwas sagt, was
der gesunde Menschenverstand mit Verachtung von sich
weist.

Vollends scheint mir niemand sowohl das Fatum als auch die
Zwangsläufigkeit des Geschehens mehr zu bestätigen und alle
willentlichen Seelenvorgänge mehr aus der Welt geschafft zu
haben als dieser Epikur, der gestehen muß, er habe dem Fatum nicht anders entgegentreten können als dadurch, daß er
zu diesen aus der Luft gegriffenen Bahnabweichungen seine
Zuflucht nahm. Denn gesetzt den Fall, es gäbe – was man mir
jedenfalls nicht weismachen kann – wirklich Atome, so ließen
sich dennoch jene Bahnabweichungen niemals erklären.
Denn wenn den Atomen durch naturgesetzliche Notwendigkeit eine Bewegung unter der Einwirkung der Schwerkraft
verliehen ist, weil jedes Gewicht, sofern keine hindernde
Kraft einwirkt, mit Notwendigkeit in eine Fallbewegung ver-
setzt wird, dann ist es auch notwendig, daß sich die Bahnabweichung gewisser oder, wenn man will, aller Atome natur-
gesetzlich ⟨erklären läßt⟩ ...«

FRAGMENTA

GELLIUS, *noct. Att. 7,2,15*

Itaque M. Cicero in libro, quem *de fato* conscripsit,   I
cum quaestionem istam diceret obscurissimam esse
et inplicatissimam, Chrysippum quoque philoso-   5
phum non expedisse se in ea ⟨ait⟩ his verbis: Chrysippus aestuans laboransque, quonam hoc modo ex-
plicet, et fato omnia fieri et esse aliquid in nobis,
intricatur.

SERVIUS, *ad Verg. Aen. 3,376*   II   10

Volvitque vices] Definitio fati secundum Tullium,
qui ait: Fatum est conexio rerum per aeternitatem
se invicem tenens, quae suo ordine et lege variatur,
ita tamen ut ipsa varietas habeat aeternitatem.

AUGUSTINUS, *de civ. dei 5,8*   III   15

Illi quoque versus Homerici huic sententiae suffra-
gantur, quos Cicero in Latinum vertit:

  Tales sunt hominum mentes, quali pater ipse
  Iuppiter auctiferas lustravit lumine terras.

Nec in hac quaestione auctoritatem haberet poetica   20
sententia; sed quoniam Stoicos dicit vim fati asse-
rentes istos ex Homero versus solere usurpare, non
de illius poetae, sed de istorum philosophorum opi-

FRAGMENTE

Deshalb erklärte Cicero in dem Buch, das er über das Fatum geschrieben hat, wobei er diese Frage als sehr dunkel und verwickelt bezeichnete, auch der Philosoph Chrysipp habe sich aus ihr nicht recht herauswinden können. Seine Worte: »Wiewohl Chrysipp sich leidenschaftlich darum bemüht, wie er es erklären könnte, daß alles durch das Fatum geschieht und daß doch zugleich etwas in unserer freien Entscheidung liegt, verfängt er sich Schwierigkeiten.«

Und so lenkt (Jupiter) den Lauf der Dinge] Dieser Ausdruck Vergils entspricht der Definition des Fatums durch M. Tullius Cicero. Er sagt: »Das Fatum ist eine Verknüpfung des Geschehens, die durch die Ewigkeit hindurch in sich selbst verfugt ist, die nach der ihr eigenen Gesetzlichkeit wechselnde Gestalt annimmt, jedoch so, daß gerade dieser Wandel ewiges Dauern in sich schließt.«

Dem hier in Frage stehenden Satz (aus Senecas Briefen) kommen auch die bekannten Homerverse zu Hilfe, die Cicero folgendermaßen in seine Muttersprache übersetzt hat:

»So ist der Menschen Sinn wie das Licht voll Wechsel, das Vater
Jupiter selbst läßt leuchten der wachstumsfördernden Erde.«

Freilich, in dieser Frage hätte das Wort eines Dichters keine Beweiskraft. Da Seneca aber versichert, daß die Stoiker, wenn sie sich für die Wirksamkeit des Fatums einsetzen, jene Verse aus Homer heranzuziehen pflegen, geht es hier nicht um die Meinung jenes Dichters, sondern um die dieser Philosophen

nione tractatur, cum per istos versus, quos disputa-
tioni adhibent, quam de fato habent, quid sentiant
esse fatum apertissime declaratur, quoniam Iovem
appellant, quem summum deum putant, a quo co-
nexionem dicunt pendere fatorum.   5

AUGUSTINUS, *de civ. dei 5,2*

Cicero dicit Hippocratem, nobilissimum medicum, IV
scriptum reliquisse quosdam fratres, cum simul
aegrotare coepissent et eorum morbus eodem tempore ingravesceret, eodem levaretur, geminos suspi-   10
catum; quos Posidonius Stoicus, multum astrolo-
giae deditus, eadem constitutione astrorum natos
eademque conceptos solebat asserere. Ita, quod
medicus pertinere credebat ad simillimam tempe-
riem valetudinis, hoc philosophus astrologus ad   15
vim constitutionemque siderum, quae fuerat, quo
tempore concepti natique sunt.

MACROBIUS, *sat. 3,16,3*

Et ne vilior sit testis poeta, accipite assertore Cice- V
rone, in quo honore fuerit hic piscis apud P. Scipio-   20
nem Africanum illum et Numantinum. Haec sunt
in dialogo *de fato* verba Ciceronis: Nam cum esset
apud se ad Lavernium Scipio unaque Pontius, adla-
tus est forte Scipioni acipenser, qui admodum raro
capitur, sed est piscis, ut ferunt, in primis nobilis.   25
Cum autem Scipio unum et alterum ex iis, qui eum
salutatum venerant, invitavisset pluresque etiam
invitaturus videretur, in aurem Pontius: 'Scipio, in-

da. Denn durch die zitierten Verse, die sie bei ihrer Erörterung über das Fatum benutzen, wird in deutlichster Weise erläutert, was sie unter Fatum verstehen, da sie es ja ›Jupiter‹ nennen; diesen halten sie für den obersten Gott, von dem sie die Verflechtung der Schicksalsbezüge abhängen lassen.

Cicero berichtet, in den Schriften des hochberühmten Arztes Hippokrates finde sich eine Stelle, an der er die Vermutung äußerte, es handle sich bei einem Brüderpaar um Zwillinge, weil sie gleichzeitig erkrankt waren, weil ihre Krankheit zum gleichen Zeitpunkt sich verschlimmerte und wieder zur gleichen Zeit eine Besserung erkennen ließ. Von diesen Brüdern pflegte Poseidonios, ein stoischer Philosoph, der sich viel mit Astrologie beschäftigte, zu behaupten, sie seien bei der selben Gestirnkonstellation geboren und bei der gleichen Konstellation empfangen worden. Was also nach Meinung des Arztes mit einer sehr ähnlichen körperlichen Konstitution in Beziehung stand, das sah der der Astrologie verfallene Philosoph als Einfluß der Gestirnkonstellation, wie sie zum Zeitpunkt der Empfängnis und Geburt bestanden hatte.

Und damit euch ein Dichter als Zeuge nicht zu belanglos erscheint, vernehmt, in welcher Wertschätzung dieser Fisch nach Ciceros Zeugnis bei dem berühmten P. Scipio Africanus stand, der auch den Namen Numantinus trug. Folgende Worte finden sich in Ciceros Dialog über das Fatum: »Denn als Scipio sich auf seinem Landsitz bei Lavernium aufhielt und Pontius bei ihm weilte, da wurde Scipio zufällig ein Stör gebracht, ein Fisch, der nur recht selten ins Netz geht, der aber als besondere Delikatesse gilt. Als nun Scipio den einen und andern von denen, die gekommen waren, um ihm ihre Aufwartung zu machen, zum Essen einlud und offensichtlich gesonnen war, noch weitere Gäste zu laden, da flüsterte Pon-

quit, vide quid agas: acipenser iste paucorum hominum est'.

Praestringere dictum est 'non valde stringere et per-
laudare' ... Cicere [*de fato* et] de finibus bonorum   5
et malorum libro quarto: Aciem animorum nostro-
rum virtutis splendore praestringitis.

tius ihm ins Ohr: ›Scipio, bedenke, was du tust! Dieser dein
Stör ist ein Fisch für eine kleine Tafelrunde!‹«

Das Verbum *praestringere* bedeutet soviel wie ›nicht sehr strei-
fen‹ und ›nicht übermäßig loben‹ … Cicero schreibt [in seinem Buch *De Fato* und] in dem Werk *De finibus bonorum et
malorum*: »Ihr blendet unser geistiges Auge durch den Glanz,
den ihr dem Begriff ›virtus‹ verleiht.«

TEXTÜBERLIEFERUNG

Handschriften

A Leidensis Vossianus 84, s. IX [IX/X], Perg., einspaltig, meist 35-zeilig; f. 71r–77v (Reprod. Plasberg).

B Leidensis Vossianus 86, s. IX [X], Perg., einspaltig, 29-zeilig; f. 174r/v; 150v–157r; 102r–103r (Mikrofilm).

C Codex Creuzerianus, olim Uffenbachianus, s. XV, Papier (Lesarten nach dem Apparat bei F. Creuzer-K. Ph. Kayser-G. H. Moser, Frankfurt a. M. 1828) – Nach A. St. Pease vermutlich identisch mit: Washington, Folger Shakespeare Library S M 9.

D Guelferbytanus 22.7 Augusteus, s. XV, Perg., in Italien geschrieben; f. 113r–124v reicht nur bis XVIII 42 (Lesarten nach Schoenemann bei F. Creuzer-K. Ph. Kayser-G. H. Moser).

E Erlangensis Ms. 618 (olim 847), s. XV (1466 in Heilbronn geschrieben), Papier, einspaltig, 32-zeilig; f. 105v–111v (Mikrofilm).

F Florentinus Marcianus 257, s. X, Perg., zweispaltig, 37-zeilig; f. 54v–58r (Mikrofilm).

G Guelferbytanus 2 Gud. lat., s. XIV, Perg., in Frankreich geschrieben, zweispaltig, 66-zeilig; f. 148v–150v (Mikrofilm).

H Vaticanus Reg. lat. 1762, (s. IX?), s. X, Perg., einspaltig 23-zeilig (Excerpta Hadoardi); f. 49v–51v (Photokopie).

I Vindobonensis 124, s. XIV, Perg., zweispaltig, 42-zeilig; f. 55v–60v (Lesarten nach F. Creuzer-K. Ph. Kayser-G. H. Moser; dort = ,Vind. a'; Ergänzungen nach Mikrofilm).

J Vaticanus lat. 1759, s. XV, Perg., einspaltig, 38/39-zeilig; f. 93r–99r (Photokopie).

K Guelferbytanus 111 Gud. lat., s. XIV (Kaufnotiz: 22.3.1351), Perg., in Italien geschrieben, einspaltig, 37-zeilig; f. 8v–13r (Mikrofilm).

L Monacensis lat. 15958 (olim Salisb. S. Peter 8), s. XV, Perg., zweispaltig, 29-zeilig (Bayer. Staatsbibliothek München).

M Monacensis 528 (olim Biburg.), s. XI, Perg., zweispaltig, 32-zeilig; f. 98r–104v (Universitätsbibliothek München, Cim. 5).

N Monacensis lat. 361, s. XV (1465/67 von Hartmann Schedel in Padua geschrieben), Pap., einspaltig, 36-zeilig; f. 31r–38v (Bayer. Staatsbibliothek München).

O Parisinus lat. 6283, s. XIV, Perg., zweispaltig, 40-zeilig; f. 93r–97r (Mikrofilm).

P Parisinus lat. 17812, s. XII, Perg., zweispaltig, 37-zeilig (olim Nostradamensis Par. 178); f. 46v–50v (Mikrofilm).

Q Parisinus (inc.), s. XIV, Perg. (Lesarten nach Fr. Osann bei F. Creuzer-K. Ph. Kayser-G. H. Moser). – Vermutlich identisch mit Paris. Bibl. Nat. 7698, s. XIV.

R Vratislaviensis Rehdigerianus 64 (olim 35), s. (XIV?) XV (Lesarten nach Passow bei F. Creuzer-K. Ph. Kayser-G. H. Moser).

S Monacensis lat. 15741 (olim Salisb.) s. XV (1467 von Jo. Trost in Florenz bei Vespasianus für 3 Dukaten gekauft), Pap., einspaltig, f. 16v–19v; 24v–39v (Bayer. Staatsbibliothek München).

T Guelferbytanus 54.9. Augusteus, s. XV (in Italien geschrieben), Perg. und Pap.; f. 1r–14r (Lesarten nach Schoenemann bei F. Creuzer-K. Ph. Kayser-G. H. Moser).

U Ulmensis (olim Wengensis), s. XV, Pap. Dieser der Bibliothek des Gymnasiums Ulm gehörende Codex ist am 17.12.1944 verbrannt (Lesarten nach Creuzer).

V Vindobonensis 189 (olim philol. 208), s. IX [IX/X], Perg., zweispaltig, 24-zeilig; f. 90r–98r (Photokopie).

W Codex Wyttenbachianus (Lesarten nach F. Creuzer-K. Ph. Kayser-G. H. Moser).

a Ed. Ascensiana: G. Valla, Paris 1509.

b Codex Oxoniensis Balliolensis (Lesarten nach J. Davies, Canterbury 1721). – Nach W. Ax und A. St. Pease identisch mit: Ball. CCXLVIII (*D*ψ) s. XV, Perg.

c Codex Cantabrigensis (Lesarten nach J. Davies 1721). – Nach A. St. Pease identisch mit: Cambr. Univ. Bibl. Dd. XIII 2, s. XV.

d Codex Eliensis (Lesarten nach Creuzer-Kayser-Moser). – Nicht mehr nachweisbar. Vgl. A. St. Pease, ed. Nat. D. p. 62.

e Codex Oxoniensis *E* (Lesarten nach Creuzer-Kayser-Moser).

b Codex Harleianus (Lesarten nach Creuzer-Kayser-Moser).

r Codex Regius (Lesarten nach J. Davies, Cambridge 1721). – Nach A. St. Pease vermutlich 1731 verbrannt.

u Codex Oxoniensis *U* (Lesarten nach Creuzer-Kayser-Moser).

v Ed. Veneta prior 1471.

ψ Cod. Oxoniensis *ψ* (Lesarten nach Creuzer-Kayser-Moser) –
möglicherweise identisch mit *b*.

Ausgaben und Kommentare

1471 Sweynheim – Pannartz. Rom
1471 Veneta prior
1485 G. Valla. Venedig (1492 u. ö.)
1496 Veneta altera
1511 Ascensiana prior. Paris
1521 Ascensiana altera. Paris
1528 Cratandrina. Basel
1550 P. Ramus. Vascosanus Paris (^{2}1554)
1552 H. Turnebus. Paris
1565 D. Lambinus. Paris (^{2}1573)
1721 J. Davies. Cambridge (^{2}1730)
1776 J. A. Ernesti. Halle (Vol. IV 1)
1795 J. H. Bremi. Leipzig
1807 R. G. Rath. Halle
1817 Ch. G. Schütz. Fleischer Leipzig
1827 C. F. A. Nobbe. Tauchnitz Leipzig
1828 I. K. Orelli. Zürich (Vol. IV. 2)
1828 [F. Creuzer-C. Ph. Kayser-]G. H. Moser. Frankfurt a. M.
1834 I. Seibt. Prag
1839 H. E. Allen. London
1851 R. Klotz. Leipzig
1861 [J. G. Baiter-K. F. Halm-]G. Christ. Zürich (Vol. IV)
1863 J. G. Baiter-C. L. Kayser. Tauchnitz Leipzig
1878 C. F. W. Müller. Teubner Leipzig
1933 A. Yon. Les Belles Lettres Paris (1944. 1950)
1975 R. Giomini. Teubner Leipzig
1938 O. Plasberg-W. Ax. Teubner Leipzig
1942 H. Rackham. Loeb Cambridge/Mass.-London
1957 M. Paolillo. Le Monnier Florenz
1964 A. J. Cappelletti. Rosario

ABWEICHUNGEN VOM TEXT
DER HAUPTCODICES
SOWIE NICHT REALISIERTE KONJEKTUREN

[Den kompletten textkritischen Apparat findet der Interessent in der 3. Auflage 1980]

ABKÜRZUNGEN IM APPARAT

° V	omisit	*dub.*	dubitanter
⁻ V	inverso ordine	*ed./edd.*	editio/nes, editore
ˢV	supra addidit	*ft.*	fortasse
ᵐV	in margine addidit	*ins.*	inseruit
ᵉV	exstinguendo pungendo radendo delevit	*lac.*	lacuna
V¹	manus primi scriptoris	*lin.*	linea
		litt.	littera
V²	manus correctorum priorum	*mss*	libri manu scripti
V³	manus correctorum recentiorum	*pag.*	pagina
		ras.	rasura (III)
add.	addidit	*rell.*	reliqui
cens.	censuit	*secl.*	seclusit
cett.	ceteri	*sequ.*	sequitur/sequuntur
cf.	confer	*sign.*	signum
coni.	coniecit	*suppl.*	supplevit
del.	delevit	*susp.*	suspicatur
col.	columna	*transp.*	transposuit
coll.	collatus		

1   1 Quia] quod a graecis logos dicitur, a nobis ratio nominatur: logice uero ratio disserendi; quia uero pertinet ad *cr*
   1 quod] quos *KJbv (et Davier, Bremi)*
   4 moralem *V²GKJLS*], morabilem *BAFMEV¹ (-bi- in ras.?F)*
   10 *post* uoco *sign. lac.* W

2 19 his] iis *Davies ut saepius*
   26 consumebatur *MPO²G*] consummebatur *B*, consu-
   maebatur *V²*, consumabatur *AFEWV'KJLN*, cōsume-
   bānt^r *O¹*
   1 Idque] isque *Hottinger*, itaque *Davies*
   2 solebat] solebam *Manutius*
   2 cum] quo cum *Wopkens*, nam cum *Plasberg*
   4 de otio] de otio dicta sunt *CU (et Lambinus)*
   10 recte existimas *B*] recte audire existimas *AFMEW*

3 5 actis *BA²FMEN²b*] acceptis *A¹VPOGDCKJLSI-*
   URN¹TQcr
   12 acceperam] occeperam *(sc.* te incendere) *dub. Davies*

4 23 vostra] *del. Moser*
   23 sunt] sat *Davies*
   25 propositum] positum *Davies*
   1 An *N*] at *B²A²FMEWCK²JSUNTQ*, ad *B¹ A¹*, ac *L*
   2 sit] est *Madvig*
   7 ordire] ordire explicare, de fato quid sentias *suppl.*
   Bremi
   8 Considamus *BAMENVOD*] °*N¹*, consideramus
   FPGKJLSI (et Ramus. Davies), consideamus *C*, consi-
   deremus *WR (et Hottinger)*, confidamus *TQ*, constamus
   'in libris veteribus' legit Turnebus, considera musicos *U*
   8 hic *B²FMEW (? N²) eψ (et Davies)*] hic/// *A*, hi *C*, hii
   OG, hirti *Ramus*, ii *V²D*, ij *P*, ici *B¹V¹*, iei *in libris vete-*
   ribus legit Turnebus, igitur *Ax*, haec *Hottinger*, °*R*
   8 *post* hic *lacunam statuerunt: add. sign.* ÷ *A, add.sign.*
   ÷ *B, add.sign.* Ψ *et hic* dēē *pagina* ^m*M, add.* hic deest
   pagina codex quidam, cuius excerpta sunt in editione
   Lambini, add. hic de est *E, add.* multus defectus textus
   lacuna dimidiae lineae relicta ^m*W, relictis VI fere lineis*
   vacuis et item XXXVIII paginae sequentis F (cf. cop. Vict.
   b), sine signo lacunae inter hic *et* quorum *VPOGCKJLSI-*
   URN, versus 'sunt qui … et anni' *(Juv. 13,86 sqq.)*^m*Abh*

5 13 vis est] an uis est *'V'OG*
   16 sunt] sint *A'VPOGD*
   16 quidem] quidam *A'V'*, quaedam *Turnebus*, inquam
      C²KJSIURNQbdv, quidem inquam *Moser*, inquam qui-
      dem *Davies*, enim *T*, °*GD*
   21 hasne *libri*] hasce *BAFMVE*, asce *KLR (et Davies)*
   23 naufragum] aut *ante* naufragum *del. Lambinus. Christ*,
      dub. (coll. Cic. De off.1,9) Madvig; est *Wolf. Creuzer*, et
      Manutius. Ramus; exstat in mss praeter ant *T*, an *G*, ut *U*,
      hoc aut *C*
   24 quidem *B²A²FME*] quid enim *B'A'VPOGDCKJLSI-*
      UTQ, quod enim *N'*, quid est enim *R*

7 15 quidem primum] primum quidem ˜*KJL (et Davies)*
   15 contagione] cogitatione *eψ*, cognatione *Bremi (quod 'in*
      quibusdam libris' exstare affirmat Turnebus), cotaōē *L*
   17 videmus *BA²FME*] uideamus *A'VPOGDCKJLSIUNT*
   18 pituitosos] esse pituitosos *Davies*
   20 plurimum] °*KJLSRNTQ*, et plurimum *V'*, ˜*P*
   20 differant] differunt *OLS (et Davies)*
   21 etiam acutiores] acutiores etiam ˜*Davies*

8 1 *inter* petat *et* Diiunge *ex Cic. Timaeo c. 8–24* (tota dilu-
      cide … ciebatur) *ins. SI et Vat.1740*
   3 in Campo ambulemus? tecum quam] °*VPOGD (add.*
      signo corruptelae V); tecum quam cum alio? Idibus ᵐ*A;*
      quam cum alio? Idibus potius ᵐ*P²*; ///alio *M*
   5 *post* pertinet 'et operatur' *(quod non exstat in mss) del.*
      Lambinus
   5 aliquid] *del. Lambinus*, aliquod *E*
   12 a talibus *Lambinus*] talibus *mss*

9 18 sunt] sint *EN (et Davies)*
   21 ita se res] res ita se ˜*EG (et Davies)*, ita res se ˜*POLRN*
   23 Nunc] non *R*, nos *Bremi*

10 12 in eo] in eū *B¹A¹VPD*

 17 Socraten dixit] *del. Gulielmus. Gruterus*, dixit socraten
  ~*R*

 19 eas esse *BF²ME*] esse *cett.*

 20 addidit *OGKJLSIv*, addit *BAFMEVPN*

11 1 tolluntur] tollentur *Müller*

  1 ex] et *V²POGD*

  3 artis] °*KJIRHh, del. Davies*

  4 appello *BAFMVJ*] apollo *G*

  6 utantur] utuntur *Moser*

12 8 Sint] sunt *EGC (et Moser)*

  9 *post* Si quis 'verbi causa' ˢ*B²*, autem *ins. L*

 10 is ˢ*B²P¹S*, ᵉ*P²*] si fabius *W*, *B¹AFMEVOG*

 14 oriente – Fabium] °*B¹AFMEVOG*

 14 oriente canicula natum ēē & fabium *in* ᵐ*A*

  2 certum] certum esse eum *(add. sign. transp.) B*

  6 in mari esse] esse in mari (mori *N¹*) *SN² (et Bremi)*

  9 Fabius morietur] fabius non morietur (moritur *W*)
   FMEW, morietur fabius ~*NQ*

 10 propositum] positum *Davies*

 11 ergo] igitur *N (et Davies)*

17 11 quod] aristoteles in libro peri hermenias de hac Re *A*
  q̊ m̆ albert₉ uidetʳ *(Aventinus?) M³*

 17 dicit] *om. Hieronymus, del. Davies. Hottinger*

  1 sint *BAFM²EVPOGS*] sunt *M¹WCKJLUNTbh Hieronymus*

  8 dicentur] dicuntur *S (et Davies)*

  8 habebis *libri*] habemus *mss (et Davies)*, habere cogeris
   Lambinus

  8 possint] possunt *N (et Lambrinus)*

  9 *post* possint *sequ.* ut si dicatur africanum carthagine
   (non *coni. Plasberg*) potiturum *mss, secl. Christ*; ut si dicatur fabium in mari periturum; et contra, quod uere

dicatur de futuro quodque ita futurum sit ut africanum carthagine potiturum, dicere cogeris necessarium 'in uno atque altero libro' exstitisse auctor est Lambinus, lacunam susp. Davies

14 16 est in conexo] in conexo est ˜Lambinus
   17 Natus es *KJSIN*] natus est *BAFMEWVPLU*, natus eris *R*, nature *OG*
   20 falsum e vero] falsumme (falsūme *A*) uero *BAF¹U*, falsum ne uero *V¹*, falsum nec in uerum, *V²POGDC*, falsum uero *HKJ*
   22 conexo] cōnexū, ₚpoʳ hyppᵉᵃ Aūs ñ pōt esse uera sine cōseq̄nte ᵐ*M³*
   22 est] °*BEKJLSIN*

15 5 falli] fallis *A¹V¹*, facilis *B¹*, nos falli sperat neque *Hottinger*
   6 coniunctionibus] conexionibus *Madvig*, con ⟨exis potius quam con⟩ iunctionibus *Plasberg*
   7 percepta] praecepta *AFMEKJ*
   10 dicant *KJLIN*] dicent *BAFMEVPOGDC*
   12 is] *aut* idem *legendum aut delendum cens. Ernesti*
   13 ipse *BFV²POG*] ipsa *AMV¹KJLSIRTQ*, ipsa *N*
   15 loquantur *Jv*] loquentur *BAFMEWVP*, loquerentur *KLSIR*, loquuntur *GDCN*, loqūtur *O*
   18 possint] possent *POD*, possunt *A¹GR*, pñt *EN*, possunt sane facere, sed non faciunt *suppl. Hottinger*
   19 ei perspectum] eius perfectum *U*, ita perspectum *OGC*, perspectum ei ˜*R*, cui perceptum *Hottinger*
   1 Non et venae sic cui *Müller*] non cui venae sic *Hottinger*, non et huic venae sic *Ramus. Stephanus. Lambinus*, non ei uẹnẹ sic *B*, nō ei neue sic *PO*, non et ei uenẹ sic *M²* (et *Baiter*), non ei uene sic cui *S*, non ea uene sic *N¹*
   2 et is febrim] et febrim is ˜*Davies*, febrem *mss*

16 13 medii inter se dividuntur«; possum dicere: »si in spera maximi orbes erunt"] ᵐ*A*

13 medii inter se] inter se medii ˜*KJLSIN*
15 possum dicere] °*T*
15 possum – 16 erunt *signo lac.add.* °*ESRN*
18 Quia] °*D*, qua *B¹AF¹JL (et Plasberg)*, qui *Bremi*, q̄ *K*

17 2 anquiritur] aquiritur *V¹*, acquiritur *OGDC*, inquiritur
       EP²KJSIRNTQ (et Moser), inquirit *U*
    5 quod non necesse fuerit; et, quicquid fieri] °*B¹*, ᵐ*B²*
    8 futura] futura sint *Moser*
   10 appareat *Bremi*] apparet *O (et Davies)*, appareret
       BAVPCUhrv, apparere *Q*, apparent *HFMEKSLT (et
       Wopkens)*, apparerent *J*, appens *N*, appetet *G*
   10 inesse] necesse ᵐ*C² (et Lambinus)*, neccē & *N*, nec̄c̄e
       est *T*
   15 futurum sit (fit *T*)] futurumst *Halm*
   21 dicitur] ditur *A¹*, dtʳ *PO*, dicatur *WCKJLSURchr (et
       Bremi)*

18 3 id enī fore diceretur (*ex* dicetur) ᵐ*V²*, id enim forte di-
       ceretur *B¹U*, id enim diceretur ᵐ*N²*, id fore *Q*
    6 magis *Ramus*] minus *mss*, nec minus quam necesse mori
       scipioni illo modo mori *legi posse iudicat Turnebus*, nec
       minus necesse illo modo mori Scipionem quam mori
       probat Davies
    7 *post* necesse *add.* ē ł ēēt ᵐ*V²*, *add.* est ᵐ*P²OGC (et Gru-
       terus)*
   10 cum haec] haec cum ˜*RN*, haec °*V (exstat in POG)*
   17 ferantur] feruntur *VPGDC*, finitʳ *O*, deorsum ferantur
       Lambinus

19 20 aeternis] externis *br*, ex aeternis *Davies*
   20 naturae] a naturae (a ˢ*V²*) *V²POGCu (et Moser)*, a na-
       tura *D*
   21 necessitate] e necessitate *Baiter*
   21 manantibus] emanantibus *Christ*
   23 Descendit] descendet *Loercher*

3 ita] °*VPOGD*
7 cecidit] *Bremi. Müller*, cecidisset *BAFMEKJLSIN*, accidisset *VPOGDCR (et Davies)*
7 certe casurum *BA*^{2}*FME*] certe causarum *V*^{1}*JLSIR*, c'te cārū *K*, caerte causarum *A*^{1}, certe (serte *O*) a serie causarum *V*^{2}*POGDC*, serie certa causarum casurum *Müller*, casurus *N*
8 fuit *A*^{1}*VPOGCKJLSI*] fuerit *BA*^{2}*FMEW*

20 22 At qui] atqui *LS*, ac qui *KI*, atque *BAFMEWVPOGU*, atque qui *ACNQ*

21 2 fato omnia] omnia facto ˜*JSI (et Davies)*, omnia facto ˜*L*, omnia quae fiunt fato fiunt *b*
4 si] °*JN (et Hottinger. Bremi)*
13 si enim alterum utrum *B*^{2}*A*^{2}*FEWV*^{2}*POGD*] si enim alterutrum *MT (et Davies)*, si enim alterum *CKJSIRNQ*, si enim *L*, si enim si alterum si utrum *B*^{1} *(A*$^{1?}$*) V*^{1} *U*
14 etiam *BA*^{2}*FME*] est *NQ*, °*A*^{1}*VPOGDCKJLSIU*
16 obtinuerit *A*^{2}*FMEP*] optinuerit *BVOGKJLQ*, opportuerit *S*, obtinuit *A*$^{1?}$, obtineat *Lambinus*
18 non teneat] °*mss, praeter B*^{1}*A*$^{1/2}$*FME*
18 *post* fieri *ins.* non possint (°non teneat) *Lambinus (ed.pr.)*

22 20 declinatione] declinationem *BA*^{2}*FMEW*
20 necessitatem fati] fati necessitatem ˜*JU (et Davies)*
22 cum] cumque *NT*, quo *Lambinus*
22 N°TA nota athom' grē femīñ · hec athom' ^{m}*B*
1 enim] autem *Davies*
2 si] °*R (et Madvig)*
3 corpora individua] *ut glossam del. Manutius*
5 ne] si ne *Madvig*
6 etiamsi *eru (et Davies)*] ut iam si *BAFMEVPOKJLSIN*, ut iam *Uv (et Manutius)*, iam si *G*
6 eaque] eaquae *A*^{1}*V*^{1}; ea (q; ^{s}*O*^{1}*) O*, quae *Bremi*

7 declinare] declinare eam *c* (*et Davies*)

23 9 ac *BVPOG*, at N²,

11 Id *BAF¹VPOGLS*] hinc *F²ME* (*et Moser*), nunc *W*, hic *Davies*, ideo *dub. Moser*

12 *post* maluit *ins.* igitur ᵐV², *POGD*

17 docerent] *Meyer*, doceret (docere *B¹*) *mss*

20 possent *V²POGDC*] possem *(?)* *V¹*, possunt *rell.* (*et Davies. Ax*)

24 1 igitur *mss* (*praeter* enim *OGbd*), autem *Davies*

4 antecedente] antecendenti *Davies*

25 13 ne omnes (omnēs *W*) *mss*] ne omnibus *Moser. Christ*, ne omnes quotquot haec dicimus *dub.* Bremi

14 a physicis inrideamur *Davies. Ernesti. Christ*] a fysici⁵ inrideamur *F²*, a phisicis inrideamur (ir- *HE*) *HMEN²*, a physicis irrideantur *R*, physicis irrideamur *D*, fysicis inrideamur *W²*, phisicos irrideamus *T*, physici inrideant nos *Müller. Yon. Ax*, nos physici inrideant *Bremi*, physici (fy- *AF¹W¹V*, ph'yci *J*, ph'ici *PG*) irrideamur (ir- *CJIU*) *BAF¹W¹VPGCKJIU*), physici irrideamus *N¹Q*. physici (phi- *S*) uideamur *LS*, ph'ici irrideātur *(?)* *O*, ne ⟨ab⟩ omnibus physicis irrideamur *P. L. Schmidt*, ne omnibus ⟨a⟩ physicis irrideamur *Creuzer*

22 rei enim] enim rei ˜ *CJLSI* (*et Davies*)

26 23 cur *BAVPOGK*] quod *HFME*

26 ea quae] eaque *A*, eaq; *KJ* eâq; *(?)* *B²*, ut ea quae *Davies. Ernesti*

2 fato euenerint ᵐN², fatto cum uenerat *P*, fato evenient *Davies*

4 omnia fieri] omnia ⟨quae causas habeant cur fiant⟩ fieri *Lambinus*

27 8 causa causam serens *BAFMEKSI*, cā cām ferens *L*,
causa causam serit (?) *Q*, causam serit *NT*, ca3 causam
serens *J*, causarū serens *V¹*, causarum series *V²POGD*,
quod ut 'ex annotatione natum' respuit Lambinus, causarum *C*
   8 erit] erat *V²POGDCd*
   10 Et] at *Bremi. Hottinger*
   13 ne illa quidem vera esset] ne illa quidē euersa uera ā hec
enuntiatio capiet numantiā scipio *ᵐV²*
   13 uera esset *BFMEW*] uersa eeᵗ *A¹*, uersa esse *U*, uera esse
A²KLS, uera *Q*, euersa *V²POI (et Lambinus. Davies)*,
°*R (et Ramus)*
   13 *post* esset *sequ.* uera est (est °*B¹*) haec enuntiatio *in omnibus mss*] *secl. Skassis*
   14 Cepit *Ramus. Lambinus*] capiet (capiat *O¹*) *mss*
   15 futurum esse] futurum *Bremi*
   17 fuerit *Uv (et Davies)* fu'it *O*, fuerint *KJLIT*, fu'unt *E*,
fuerunt *BAHFMWVPGDCR*, fuerant *N*, fuerat *dub.
Davies*
   19 erit *Uv (et Davies)*] eᵗ̄t *O*, ēr *BK*, erunt *AHFMEVP
GDJLSIT*, esse *N*
   19 dicemus] dicimus *SIU (et Bremi)*

28 2 casurum *B²A²FMEKJLSI*, causarum *A¹VPOGDC*, cau-
surum *U*, casarum *B¹*, casurumst *Halm*
   2 sit] si *V²POGDC*
   8 erit confiteri necesse] *secl. Hottinger*, erunt confiteri necesse *G*
   9 hoc enuntiatum *Ramus*] haec enuntiatio (-tio *in ras. A*)
BAMVJLSIbc (et Lambinus, Moser), haec enunciatio *FE-
POG*, h'enūtiacō *K*, h⁻ enūctiatio *N*
   10 *post* Hortensius: ⟨vera non est, verum non esse in Tusculanum venturum Hortensium; si⟩ verum non est, sequitur *Lambinus*
   11 verum] vera *Davies*
   11 sequitur] sequetur *N*, sequi tum *Davies*, sequi *Ramus*

11 falsum sit] fal sit *V¹*, sit falsum ˘*WOGCURQ*, falsa sit
˘*bcr (et Davies)*
14 quidam *A¹VPL*] °*U*, quiddam *B²A²FMEW*, quidem *N*,
q̄d̄ā *O*, quibusdam *R*

29 15 agamus] agemus *V²POGDCu*
23 et] °*S*, at *Facciolatus*
3 et] °*VPOGDC*
3 teneas sententiam] sententiam teneas °*Davies*, stīām
adiūgas˘*N*
18 convalesces] non conualesces *P¹*
8 falsum hoc] hoc flm °*J (et Davies)*
9 convalesces] non convalesces *B¹A¹V¹POGLI*, Ṅ conualesces (Ṅ *in ras.*) *V²*, conualescens *S*

30 13 illo] eo *Davies*
16 fatum est] factum *WV¹N¹*, est *Madvig*, sit *mss*, erit *Müller*
24 Milon *V²POC*] minon *BAFMWV¹RQ*, minos *R*, miñ
KIS, min' *JL*, in ylō *G*, is minon *N²*, minori *N¹*, *lacuna
exstat in U*
8 adhibueris *BAFMEWV*] °*POGDCKJLSIURNTQ*

31 13 probabat] probat *DNT (et Davies)*
20 est in] (·e· ᵐ*A¹*) in *A¹*

32 1 Hoc] haec *WCT (et Davies)*
7 dicat] dicit *B²A²HFMEW*
8 sine aeternitate naturali] sine ⟨causa ex⟩ aeternitatenatu-
rali *Moser*, sine ⟨causa naturali ex⟩ aeternitate *Christ*
19 esse] *del. Ernesti*
22 nisi] ne si *VPOGDC*

33 16 causas id efficientis *V²POG*, causas id efficientes
EKJLSIN², causas side ficientis *B*, causas fidedicientis
V¹, causas si deficientis *A¹*, causas sicut deficientis (-cut

⁵A²) *A²F¹*, causas sicut id efficientis *F² W*, causas sicut id
efficientes *M*, causas efficientes id *U*

18 nulla] *A¹VLS*, ulla *U*, illa *BA²FME*, ul*ᶜ* illa *⁵N²*

19 quo minus] cominus *U*, quanto minus *cr (et Davies)*

1 a divinatione ducuntur *Madvig*] ad diuinatione dicuntur *AF¹M¹*, ad divinationem dicuntur *EVPGDCKJLI-
RNT*, a diuinatione dicuntur *BF²M²W*, a dīnaītōnez
dnr' *O*, dicuntur ad diuinationem pertinere *S*, ad divinationem ‹pertinere› dicuntur *Bremi. Moser*, ad divinationem pertinent *Davies*

4 angustiis *BAFMEKJSIURNT*], angustus *V¹L*, angustius
V²POG (et Davies), angistus *R*

34 8 ducatur *BAHFMVPO²GDKJLSNT*] dicatur *EO¹ Uduⱴψ
(et Davies. Christ)*, dicantur *CR*

12 id ei *BA²HFME*] id et *A¹VP²OGDCKJLIUNTQ*, idem
Bremi

35 19 Ennii *B²AFMV²PG*] enni *V¹*, eñni *B¹*, enim *WC*, ēm̄ *E*
eī *O*, °*KJLSINeψ*, *del. Bremi*

21 caesae (cese)] se *U*, cese non *T*, cessit *N¹*, caesa *Davies*

21 accidissent *B¹Dbcr*, occidissēt *O*, accidisset *Gruterus. Davies*, accedissent *VPG*, cecidissent *B²A²F²MEWCKJLSI-
URNQ*, cęcidissent *F¹*, cecaedissent *A¹*, cecidisset *Moser*

23 *post* arbor *ins.* nemus pelio *R*

3 inchoandi] incohandi *CL*, incohande *S*, inchoandae
Davies

5 praeterita] ‹Num, ut eae res causam afferrent amoris?›
coni. Hottinger

8 aegro] egro *N²*, eg° *J*, ag° *L*, ergo eg° *O*, ergo egro *G*,
ergo *T*, agro *KI*, aegra *Ribbeck*

9 † non] *asterico notavit Ax. Yon, videntur ante haec quaedam desiderari Lambino, nihil videtur deesse Davies*

36 13 cuius] in (id *DSIU*) cuius *mss, praeter* id *DSIU*, in *om.
secl. edd.*

14 causa dicitur] causa dicatur *H*, dicitur causa ˜*KJLSIN* (*et Davies*)

15 est causa] causa est (÷ ˢ*V²*) ˜ *V²POGJLSIRN (et Davies)*

16 efficit] effici *V¹*, effecit *E*, efficitur *V²POGDCcdr*

20 propior *M²V²POGC*

37 2 convertere *VPGODCd*] conuerti *B²A²FMEKJLSIN*, conuerte *B¹A¹*

   5 invito Epicuro] *secl. Schütz. Bremi*

   7 Philocteta] *secl. Madvig*

38 15 inscientiam] inscientientiam *A¹*, inscitiam *CUR (et Moser)*, insciãʒ *J*

   20 igitur] °*mss, coni. Pithou. Lambinus. Christ*, ergo *cr (et Fabricius. Davies. Moser)*

   23 Ratio ipsa] ip̄a račo ˜*E, lacunam susp. Meyer*

   23 coget] cogit fateri *Bremi*

   25 *prope* libera sign. ÿ ᵐ*V, (ft. ad alteram col. pertinens)* sign. Ᵽ ᵐ*F*

39 2 censerent *BF²MEKJR* ᵐ*D²*]l̷ n̄ censerent ᵐ*V²*, censerant *AF¹*, censent *NTQ*, censuerunt *S*, ᵐ*I²*, consenserunt *V¹*, consenserint *(in textu V²) V²PGD¹*, consenserunt *C*, cōsencerūt *O*

   2 fieri] *sign.* λ̷ ᵐ*B*

   4 Aristoteles] Anaxagoras *Karsten*

   5 animorum *Davies*] animi *Casaubonus*, animos *mss*

40 12 videamus] vidimus *Bremi*

   13 tractavi] tractavit *(sc. Chrysippus) Bremi*

   1 neque *prius*] °*P, lac. IV fere litt. B*

   6 quaecumque fiant] °*U, del. Gulielmus*

41 15 adiuvantibus] adiuuantibus antecedentibus *mss, praeter N*, (˜*TQ) del. secl. edd.*, antecedentibusq; *T*

   22 sunt *W¹ (et Christ)*, sint *mss, dub. Yon*

22 non *FME*] /// non *A*, ad non *B¹ V¹*, at non *B² V² KJLSIU*,
   id non *B³*, aut non *TQ*

  1 ut cū *et in textu fol. CLVIIʳ et ᵐfol. CIIʳ, exstantque in*
   hoc fol. CLVIIʳ duae tantum lineae nostri de fato libri
   (sequ. &iam sepulchra contemplor *Cicero, De leg. 2,4)*
   B

  2 potestate] sign. ℙ *inter columnas ft. huc pertinens F*

  3 ne ille quidem esset in nostra potestate] ne ille quidē eēt
   innra potestate ᵐ*V²* *(sed statim corr.* ł ne appetit' *V²); in*
   textu POG *(?C),* °*BAFMEV¹KJLSIURNTQ*

42 4 -b rem *in ras. A*
   7 *post* ualebit *ras. VII fere litt. B*

43 6 quid] °*BFMEW,* quid' *V²I,* quidem (q̇d') *POG,* quod
   A¹ V¹ KJLSUN, ᵉ*A²*

44 10 fateantur tamen] ⟨non⟩ fateantur [tamen] *Bremi,* infiti-
   antur *Heine, asterisco notavit Christ*

  11 non sine] [non] sine *Lambinus. Davies,* sine *R,* non nisi
   Bremi

  17 neque] *del. Turnebum, Lambinum secuti edd., retinuit*
   Yon

  17 esse ad adsentiendum (ass- *A²FMEGCUT*) necessariam
   concedet (-it *F² W,* -at *T*) *A¹FMEWVPOGCUT*]
   esse ad sentiendum necessariam concedet *R,*
   ad adsentiendum necessariam concedet (-it *B²*) *B¹.,*
   ad adsentiendum necessariam esse concedet ⁻*N (et Da-*
   vies),
   ad sentiendum necessariam esse concedet *(-it K,* -e *L)*
   ⁻*KJLI,*
   adsentiendum esse concedet necessariam ⁻*ES*

  18 omnia causis fiant] °*GC,* omnia fiant causis ⁻*Davies*
  19 itemque] neque *Lambinus*
  21 dicent *BAF¹VPOGKJLSI,* dicunt *F²MEW,* al ˙ dico ut ᵐ*I*
  22 fato] fata *J,* facto *L,* pacto *(vel* ita *vel* ita fato) *Lambinus*

24 quoniam] quoniam cum (qm̄ cū) *V²PC*

45 10 cum] *del. Lambinus. Bremi*

  10 non sit *B²A²FMEd,* non sīt *K,* non sint *B¹A¹SQO,* non
     fuit *N,* ita ut non sit *V²PG (et Lambinus),* [ita ut] non
     sit *Davies. Moser,* ita non sit *R,* ut non sit *I*

  11 illae *Davies*] illa *mss, praeter TQ,* ᵐ*U²*

  11 eas] ea *B¹,* illas *Davies*

  12 abesse] *post abesse nota Tir. (= hic dimissum est) A, nota
     Tir. (in proximo fol. CIII') B, lacunam in cod. Regio no-
     tatam testatur Davies, sine signo vestigiove lacunae
     FMEVPGCKJLSIURNQO,* ⟨alteri, sive hae sive illae
     causae antecesserint, a rebus fatum abesse⟩ *suppl. Lam-
     binus*

46 13 disceptari] *post disceptare sign* ⸓ *A*
     oportet] *post oportet duae lineae vacuae, et defectus*
     ᵐ*W, hoc loco spatium relictum est XIIII versuum in codice
     eodem antiquo (cf. 4, 8) cop. Vict.b, XII fere lineas vacuas
     reliquit F*

  17 enim] *del. B²A²,* °*FMENO*

  17 habebant] habebat *KRQ,* habebunt *Moser,* habeant *CT,*
     °*U, cuius codicis pag. paenultima desinit in* motus, *ultima
     incipit ab* impulsionis

  20 quae declinet atomum] qua declinet atomus *Davies*

47 3 in ipsa atomo mutationis] in ipsa atomum utationis *V¹,*
     in ipsā atomūmutationis *V²PGC*

   4 factum est] factum esse *Davies, dub. Yon,* est factum ˜*L,*
     fatum *R*

   5 motum sui ponderis] sui ponderis motum (? *U) Davies*

48 14 ad *usque* omne 14) °*KJLSI*

  14 comm- *usque* tamen declinatio- (11) *per III lineas* ᵉ*V per-
     gitque* -nes istae *V*
     comm- *usque* tamen declinationes (11) *III lin.vac.)* °*P,*

sine lacuna °*G*

comm- *usque* explicarentur (12) °*R*

15 Nam *usque* explicarentur (12) °*(cf. R) N¹TQO, ⁵N²*

18 ferantur] ⟨deorsum⟩ ferantur *Lambinus*, ferrantur *P¹R*

22 omnibus naturaliter] omnibus ⟨tributum esse⟩ naturaliter *Lambinus*

22 *post* naturaliter] iter *U*, etc *EJ*, *nota Tir. (= hic dimissum est) A*, hic multa desunt *M*

EINFÜHRUNG

1. Entstehungszeit

Schon während der Arbeit an den drei Büchern *De natura deorum* faßte Cicero den Gedanken, gewisse ausgesparte Teilgebiete später getrennt darzustellen: »Itaque maximae res tacitae praeterierunt, de divinatione, de fato, quibus de quaestionibus tu quidem strictim, nostri autem multa solent dicere, sed ab hac ea quaestione, quae nunc in manibus est, separantur« (ND 3,8,19: Balbus zu Cotta).

In seinem Werke *De divinatione* hat er diesen Plan, ein Werk *De fato* zu schreiben, endgültig gefaßt: »Quibus rebus editis tres libri perfecti sunt de natura deorum, in quibus omnis eius loci quaestio continetur. Quae ut plene esset cumulateque perfecta, de divinatione ingressi sumus his libris scribere. Quibus (ut est in animo) de fato si adiunxerimus, erit abunde satisfactum toti huic quaestioni« (Div. 2,1,3).

Überdies ergibt sich für die Veröffentlichung von *De fato* ein terminus post quem aus dem Werk selbst: Im Kap. 12 ist von den Iden des März die Rede. Konzipiert war es indes sicher schon vorher. Der terminus ante quem ist schwieriger zu bestimmen. Aus den Briefen ist ersichtlich, daß Cicero vom 17. April bis zum 17. Mai im Puteolanum oder dessen Umgebung weilte. Am 23. April erteilte er Hirtius und Pansa Redestunden (Att. 14,12,2); in diese Situation paßt der äußere Rahmen des Werks. Nach dem 17. Mai und im Juni hielt sich Cicero in seinem Tusculanum oder dessen Umgebung auf. Man nimmt an, daß er in diesen Wochen an der Fertigstellung der Monographie gearbeitet hat.

Somit kann als Zeitraum der Entstehung etwa März bis Juni 44 gelten.

Literatur: R. Philippson, RE (Tullius) Sp. 1161. A. Yon, Traité du destin, p. II–V (sehr eingehend).
Quellen: Att. 14,9.11.12.20.21.22; 15,6.11.14.16b.27; 16.2.3.6.7.11; Fam. 7,19.20; 9,4.16.

2. Quellen

Die Quellen von *De fato* sind unbekannt. Cicero gibt keinen Hinweis. Man kann also die Frage nur im Zusammenhang mit der Quellenfrage zu *De divinatione* lösen.

Es scheint Einigkeit darüber zu bestehen, daß es sich nur um *eine* Quelle handelt. Philippson (RE, Tullius Sp. 1162) denkt an *Karneades*, Yon an *Antiochos* von Askalon (Traité du destin, p. XLV).

Letzteren empfiehlt die chronologische Vereinbarkeit, das Lehrerverhältnis zu Cicero und die versöhnliche Haltung gegenüber der Stoa. Es ist allerdings nicht festzustellen, ob Antiochos eine Schrift über das Fatum geschrieben hat. Andererseits ist bei Ciceros Belesenheit, seiner souveränen Beherrschung des Gegenstands (vgl. Fam. 9,4) und seiner notorischen Aversion gegen die Epikureer nicht undenkbar, daß die Auseinandersetzung mit Poseidonios und Epikur eigene Zutat Ciceros ist, so daß eine ältere Quelle, Karneades also, durchaus denkbar ist.

Karneades müßte in seiner Schrift aus der Sicht der Akademie zu der Auseinandersetzung zwischen Chrysipp und Diodor Stellung genommen haben. Die Frage der ›adsensiones‹ (ab XVII 40) mit ihrem Suchen nach einem Kompromiß stellt einen Neuansatz in der Monographie dar. In der deutlichen Neigung, einen Ausgleich zwischen den Gegnern des Fatums herbeizuführen, könnte dieser Teil auf *Antiochos* zurückzuführen sein (vgl. dazu etwa Ac. 2,11,40ff.). Die Zusammenfassung zweier Quellen zu einem Ganzen, dessen Anreicherung mit den Ergebnissen anderweitiger Studien und die Durchformung zu einem analytischen, mitunter dramatischen Monolog darf man getrost *Cicero* zuschreiben.

Literatur: R. Philippson, RE (Tullius) Sp. 1161–62. A. Yon, Traité du destin, S. XL ff. - Im einzelnen: R. Hoyer, Quellenstudien zu Ciceros Büchern de natura deorum, de divinatione, de Fato, Rh. Mus. 53 (1898) 614 ff. - M. Meinecke, De fontibus, quos Cicero in libello de fato secutus esse videatur. Progr. Marienwerder 1887. - W. Stüwe, Ad Ciceronis de fato librum observationes variae. Diss. Kiel 1895. - A. Lörcher, De compositione et fonte libri Ciceronis, qui est de Fato. Diss. phil. Halenses 17 (1907) 337 ff. - ders., Burs. Jb. 162 (1913) 54 ff., 204 (1925) 95 ff. - M. Pohlenz, Berl. Phil. Ws. 30 (1910) 327 ff.

3. Lehrmeinungen der beteiligten Schulen

Megariker (Dialektiker, Eristiker)
[Eukleides (aus Gela?) (um 450–380)]
Stilpon aus Megara (um 320)
Diodoros Kronos aus Iasos in Karien († 307)

περὶ δυνατῶν
1. a) Id solum fieri posse,
      quod aut sit verum aut futurum sit verum;   [13]
   b) et quicquid futurum sit, id fieri necesse esse,
      et quicquid non sit futurum, id fieri non posse   [13]
2. a) Immutabilia esse, quae futura sint, nec posse
      verum futurum convertere in falsum;   [20]
   b) omme ergo, quod falsum dicatur in futuro,
      id fieri non posse.   [13]

περὶ μαντικῆς
      Illorum rationem liberam et solutam esse affirmat
      Cicero.   [33]

περὶ λογικῆς
      Omnem enuntiationem aut veram aut falsam
      esse.   [20]

Stoiker (Schulgründung 301/300 in Athen)
Alte Stoa: [Zenon aus Kition auf Kypern (333/332–262)]
           Kleanthes aus Assos (331/30–232/230)
           Chrysippos aus Soloi (281/77–208/204)

Mittlere Stoa:
           [Panaitios aus Lindos auf Rhodos (um 185–110)]
           Poseidonios aus Apameia (um 135–50)

περὶ δυνατῶν
1. a) Et quae non sint futura, posse tamen fieri,   [13]
   b) neque necesse fuisse ⟨fieri, quae facta essent⟩.   [13]
2. Omnia vera in praeteritis necessaria esse.   [14]
3. Futura vera non posse esse ea, quae causas, cur
   futura sint, non habeant.   [26]

περὶ μαντικῆς
Stoicis consentaneum est
oracula ceteraque, qua a divinatione ducuntur,
comprobare.   [33]

περὶ εἱμαρμένης
Omnia fato fieri,
modo intellegatur,
quae sit causarum distinctio.   [43]

περὶ αἰτιῶν
1. Omnia, quae fiant, fieri causis antecedentibus.   [23]
2. Motum sine causa nullum esse.   [20]
3. Causarum alias esse perfectas et principales, alias adiuvantes et proximas.   [41]

περὶ λογικῆς
1. Omnem enuntiationem aut veram esse aut falsam.[20]
2. Si, quod primum in conexo sit, necessarium sit,
   fieri etiam, quod consequatur, necessarium.   [14]

περὶ συγκαταθέσεως
1. Adsensionem fieri non posse nisi commotam viso.[42]
2. Adsensionem nostra esse in potestate.   [43]

περὶ συμπαθείας
Valere in quibusdam rebus naturae contagionem.   [5]

Epikureer (Schulgründung um 305 in Athen)
          Epikuros, geb. in Samos (341–270)

περὶ εἱμαρμένης
Necessitatem fati declinatione atomorum vitari posse.[22]

περὶ ἀτόμων
Cum duo individua per inanitatem ferantur,
alterum e regione moveri,
alterum declinare minimo intervallo.   [18]

περὶ αἰτιῶν
Ut sine causa fiat aliquid, suscipere Epicurum inquit
Cicero.   [18]

περὶ λογικῆς
1. In rebus contrariis duabus enuntiationes nec veras nec
   falsas esse.   [37]
2. Veras esse ex contrariis diiunctiones, sed quae in his
   enuntiata sint, eorum neutrum esse verum.   [37]

Akademiker (Schulgründung 387 in Athen)
     Alte Akademie:
          [Platon aus Athen 427–347)]
               ...
     Neue Akademie:
          Arkesilaos aus Pitane in Äolien (316–241)
          Karneades aus Kyrene (214–129)

περὶ ψυχῆς
1. Esse aliquid in nostra potestate.   [31]
2. Esse posse quendam animi motum voluntarium.   [23]

περὶ δυνατῶν
Ex aeternitate quaedam esse vera et ea non esse nexa
causis aeternis.   [38]

περὶ μαντικῆς
1. Tolli voluntatem, studium, disciplinam, si vis et natura
fati ex divinationis ratione firmetur.   [11]
2. Ne Apollinem quidem futura posse dicere nisi ea, quorum causas natura ita contineat, ut ea fieri necesse sit. [32]

περὶ εἱμαρμένης
1. Non fato fieri, quaecumque fiant.   [31]
2. Mentem hominis voluntate libera spoliatam necessitate
fati vinciri.   [20]
3. Si omnia fato fiant, nec laudationes iustas esse nec vituperationes, nec honores nec supplicia.   [40]

περὶ λογικῆς
1. Omnem enuntiationem aut veram aut falsam esse. [20]
2. In rebus contrariis duabus necesse esse alterum verum
esse, alterum falsum.   [37]

περὶ αἰτιῶν
Esse causas fortuito antegressas.   [19]

περὶ ἀτόμων
Esse atomos sibi probari nullo modo posse Cicero affirmat.   [48]

περὶ συμπαθείας
1. Valere in quibusdam rebus naturae contagionem.   [5]
2. Vim esse nullam fatalem in eiusmodi rebus.   [5]

Literatur: Diodor: P.-M. Schuhl, Le dominateur et les possibles. Paris
1960. – K. v. Fritz Rezension zu Schuhl. Gnomon 34 (1962) 138 ff.
Stoa: H. v. Arnim, Stoicorum veterum fragmenta II, Nr. 912–1007.
Leipzig 1903. – M. Pohlenz, Die Stoa, Geschichte einer geistigen Be-
wegung, 2 Bde., Göttingen 1948/49. – Ders., Stoa und Stoiker. Zü-
rich 1950. – E. Bréhier, Chrysippe et l'ancien Stoicisme. Paris 1951. –
A. Schmekel, Die Philosophie der Mittleren Stoa. Berlin 1892. – K.
Reinhardt, Poseidonios, RE 22 (1953) 558 ff. – Ders., Kosmos und
Sympathie. München 1926.
Epikur: H. Usener, Epicurea. Leipzig 1887. – C. Bailey, Epicurus. Ox-
ford 1926.
Neue Akademie: H. von Arnim, RE (Karneades) Sp. 1964 ff. – G.
Luck, Der Akademiker Antiochos. Noctes Romanae 7 (1953).

4. Gliederung

– Verstümmelung –
Einleitung (1–4)
 I. zum Thema,
 II. zur Situation.

– große Lücke –
Durchführung (5–45)
5 I. *Contagio naturae:* Widerlegung einer Koppelung von
   Sympathie und Fatum
   Ausgangspunkt: In der Lücke verlorengegangen.
   A. gegen *Poseidonios:*
     1. vis est nulla fatalis;
     2. hoc ipsum potuit evenire fortuna.
7 B. gegen *Chrysipp:*
       est aliquid in nostra potestate.
   Ergebnis: Die Lehre von der Sympathie des Kosmos
   liefert keinen Beweis für das Fatum.
11 II. *Der Satz vom Widerspruch:* Die Koppelung des Satzes
    vom Widerspruch mit dem Fatum soll aufgelöst wer-
    den.

Gruppen (B) und (C) der Sache nach das gleiche meinen. Chrysipp hält also am Fatum nur dem Worte, nicht der Sache nach fest.

45 IV. *Konfrontierung* der erarbeiteten Sprachregelung mit der üblichen Auffassung vom Begriff ›Fatum‹.

– kürzere (?) Lücke –
Peroratio (46–48)
46 Verurteilung des epikureischen Lösungsversuchs.

– Verstümmelung –

Literatur: A. Schmekel, Die Philosophie der Mittleren Stoa. Berlin 1892, S. 155 ff. – W. Stüwe, Ad Ciceronis de fato librum observationes variae. Kiel 1895. – A. Lörcher, De compositione et fonte libri Ciceronis, qui est de Fato. Diss. phil. Halenses 17 (1907) 337 ff. – A. Yon Cicéron, Traité du destin. Paris, zuerst 1933, S. XXXIII ff. – R. Philippson, Rezension zu A. Yon, in: Philol. Wochenschrift 57 (1934) 1031 ff. – M. Paolillo, M. T. Cicerone, De Fato. Firenze 1957, S. 15 ff.

ANMERKUNGEN

Den nachstehenden Anmerkungen ist jeweils der Kommentar beigegeben, den *Hadrianus Turnebus* (Hadrian Tournèbe aus Andelys bei Rouen, gest. 1565) im Jahre 1552 erscheinen ließ. Dieser Kommentar löste eine Gelehrtenfehde aus mit dem Kalvinisten *Petrus Ramus* (Pierre de la Ramée aus Cuth bei Soissons, gest. 1572 als Opfer der Bluthochzeit). Dieser kritisierte in der 1554 erschienenen zweiten Auflage (¹1550) seiner »Praelectiones in Ciceronis de fato libellum« den Kommentar des Turnebus. Daraufhin erschien als dessen Erwiderung im Jahre 1556 die Schrift »Ad. Turnebi disputatio ad lib. Ciceronis de fato, adversus quendam, qui non solum logicus esse, sed etiam dialecticus haberi vult«. Noch im gleichen Jahre folgte die Entgegnung des Petrus Ramus, unter einem Pseudonym: »Audomari Talaei admonitio ad Adrianum Turnebum, Regium Graecae linguae professorem« (1556). Turnebus' Antwort wählte daraufhin auch ein Pseudonym: »Leodegarii a Quercu responsio ad Audomari Talaei admonitionem« (Paris 1556). – G. H. Moser hat Teile aus diesen Streitschriften im Anhang zu seiner Ausgabe von 1828 (S. 653ff.) in den Turnebus-Kommentar eingearbeitet.

Im folgenden sind aus dem Kommentar die nur auf den Nachweis sprachlicher Parallelen zielenden Partien weggelassen (** = Auslassung); die Orthographie ist berichtigt, die zitierten Stellen sind nachgeprüft und an einzelnen Stellen korrigiert worden.

I

Der Anfang des Buches ist verlorengegangen. Der Vergleich mit anderen Cicero-Proömien und die *Umfangsberechnung* durch A. C. Clark ergibt übereinstimmend, daß nicht sehr viel fehlen kann, nur wenige Zeilen (s. Anm. S. 172).

Verlorengegangen ist die Widmung und die Formulierung des Themas. Es läßt sich jedoch erkennen, daß betont war, daß dieses Thema – de fato – sich nicht nur über *einen* Bereich der Philosophie erstrecke, sondern wohl über alle drei Teile: die *Ethik* (damit setzt der Text ein), die *Logik* (womit die Auseinandersetzung mit Diodor gemeint ist) und vielleicht auch die *Physik*, deren Erwähnung im verlorenen Eingang zu vermuten ist (bezogen auf das Problem der adsensiones).

Weitere Vermutungen sind schwer beweisbar. Immerhin ist es nicht wahrscheinlich, daß Cicero in dem verlorenen Teil seine Schriftstellerei verteidigt hat, wie das in früheren Schriften noch der Fall war.

Als Verbindung zwischen dem allgemeinen und dem speziellen Teil der Einleitung folgt sodann eine Erklärung, ja Entschuldigung dafür, daß der formale Aufbau sich von dem in den beiden anderen thematisch hergehörigen Werken *(De natura deorum, De divinatione)* unterscheidet. Dort trägt jeweils ein Gesprächspartner seine Ansicht vor (z. B. Quintus die Verteidigung der Mantik), worauf dann die abweichende Ansicht einer anderen Schule von einem ihrer Anhänger dargestellt wird (so in *De natura deorum*) oder eine Widerlegung folgt (so z. B. die Argumente gegen die Mantik in *De divinatione* II). Die Sonderstellung von *De fato* wird aus der besonderen Situation begründet.

QUIA PERTINET Perscriptis iam tribus a Cicerone De natura deorum libris absolutaque De divinatione duobus libris disputatione nunc quaestionem De fato adiungit, ut totus ille philosophiae locus pertractatus sit. Pertinet autem, ut ait, ad partem illam philosophiae, quae hominum mores studiaque conformat. Erant autem duae apud philosophos affines et propinquae scholae, de quibus magnis contentionibus altercabantur: una περὶ εἱμαρμένης, id est de fato, quae ad mores pertinebat; altera περὶ δυνατῶν, id est de eo, quod fieri potest aut non potest, quae ad dialecticam spectabat. Utraque quaestio eum ad scribendum impulit. – Est autem haec continuatio sine principio, ut totus liber lacerus et mutilus et laciniosus passim est. Neque enim mihi persuadere possim QUIA primordium libri apud Ciceronem

esse. Suspicionem auget, quod in libris scriptis sic repperi: QUIA
PERTINET AD MORES, QUOS ἦθος ILLI VOCANT: ut aliquid
antecessisse verisimile sit. Nam ad absolutionem sententiae aliquid
deest: verbi gratia: "De fato nobis scribendum est, quia pertinet ad
mores." – Repperi apud Macrobium (sat. = 3,16,3–4) locum quendam
festivum ex hoc De fato libro, quem subscribere visum est (Sequ.
fragmentum V). – Pertinet autem haec quaestio *ad mores*, quia, si fatum est, cum in nostra potestate nihil relinquatur, nullus vel laudi vel
vituperationi locus erit; neque nobis ulla libera susceptio aut voluntarium officium supererit, nulla praeceptio proderit. – MORALEM
Nomen istud ut novum et insolens reformidat: tum enim primum
Novabatur. – EXPLICANDA Libri scripti habent pendente sententia
EXPLICANDAQUE. – VIS RATIOQUE ENUNTIATIONUM
Qua de re parum inter Chrysippum et Diodorum conveniebat, quemadmodum Cicero scribit (Fam. 9,4): "περὶ δυνατῶν me scito
κατὰ Διόδωρον κρίνειν: quapropter si venturus es, scito necesse
esse te venire: sin autem non es, τῶν ἀδυνάτων est te venire. Nunc
vide, utra te κρίσις magis delectet, Χρυσιππείαne an haec, quam
noster Diodotus non concoquebat. Sed de his etiam rebus, otiosi cum
erimus, loquemur. Hoc etiam κατὰ Χρύσιππον δυνατὸν est." (Scr.
in Tusc. inter VIII et IV Id. Iun. 708 [46]: Cicero Varroni. Sj.) Locus
autem intellegendus est de iis enuntiationibus, quae de futuro aliquid,
cuius necessarius eventus esse non videtur, pronuntiant, ut "Sedebis,
non sedebis": et in proximo exemplo "De his rebus loquemur": ut, si
quis locum propius perspiciat, is statim nihil a Cicerone commissum
intellegat. De iis autem pronuntiatis sic iudicabat Diodorus, ut id solum fieri posse diceret, quod aut esset verum aut futurum esset
verum: ut, quicquid futurum esset, id fieri necesse esset; quicquid futurum non esset, id fieri non posset. Chrysippus autem ab eo dissen-
tiens, quae non essent futura, posse tamen fieri dicebat. – ΑΞΙΩ-
MATA Vocabulum Stoicum. Stoicorum enim dialectica Ciceronis
aetate florebat. Aristoteles (de interpr. 5) ἀπόφανσιν appellat. –
QUAM VIM HABEANT Utrumne, quod futurum dicunt, sit necessarium, ut vult Diodorus, an fieri possit, ut eveniat, ut censet Chrysippus. – ΤΟΤΑQΕ EST ΛΟΓΙΚΗ Id est: tota istius περὶ δυνατῶν
quaestionis explicatio dialectica quaedam est. Locus etiam iste ab Aristotele in libro De interpretatione tractatur. Idcirco autem istam περὶ
δυνατῶν controversiam adhibet, quia ad fati confirmationem sump-
tum Stoicorum erat "Omnem enuntiationem veram vel falsam esse":
qui certo quicquam scriri prorsus negabant.

QUOD AUTEM Disputatio ista Academica est contra propositum, instituto Arcesilae, ut in Tusculanis disputationibus. Academici autem certamen cum Stoicis potissimum susceperant, quorum illa tempestate philosophia percrebruerat. Hoc libro Cicero contra eos disserit, et firmamenta, quibus fatum esse probant, evertit. Nec vero eius in eam partem accipienda argumentatio est, quasi fatum non esse affirmet (quod quidem longe ab Academicorum dubitatione abest), verum ex iis, quae Stoici adferunt, ad liquidum non probari. Quod si quis isti sermoni interfuisset Stoicae rationis peritus et aemulus, disputationem instituisset, ut fecit in libris De natura deorum et De divinatione: in quibus perpetua in utramque partem explicatur oratio. Hirtius autem, qui quaestionem, ad quam audiret, posuerat, institutionis alioqui Stoicae non admodum fortasse gnarus aut certe non aemulus, ex fatali calamitate, ut opinor, rei publicae Romanae in eum sermonem devenerat, ut diceret fato geri et evenire propemodum omnia sibi videri, et de fato quid Cicero sentiret, audire se velle. Contra quam sententiam Cicero disputat. – DE NATURA DEORUM Id merito excusat: quia, cum haec De fato disputatio ad eundem locum philosophiae pertineat, aliter tractari non debuit. – QUOD CUIQUE MAXIME Nam similitudinem veri et probabilitatem sequebantur Academici, qui certo quicquam sciri prorsus negabant.

2

Die konkrete Situation des Gesprächs wird nun gezeichnet. Cäsar ist tot, und Cicero ist dabei, sich wieder in die Politik zu begeben. Einer der beiden noch von Cäsar für das Jahr 43 designierten Konsuln, *Aulus Hirtius* – bekannt als Fortsetzer von Cäsars *Commentarii de bello Gallico* –, hält sich gerade in der Nähe von Ciceros Landsitz auf; er ist Cicero persönlich verpflichtet, und das gibt einen Ansatzpunkt für Gespräche. Daß dies historisch stimmt, läßt sich aus den Briefen Ciceros beweisen, wenn auch dort die werbende Höflichkeit nur in beträchtlicher Abtönung zu beobachten ist.

Daß Hirtius in *De fato* die Ehre wird, das Thema vorschlagen zu dürfen und der einzige Zuhörer zu sein, ist also ein Politikum. Und man darf annehmen, daß die Wahl gerade dieses

Themas aus der besonderen Lage nach den Iden des März begründet wurde (in der Lücke nach II 4). Im vorliegenden Teile
jedenfalls wird Hirtius in vorsichtig diplomatischen Wendungen immerhin so weit auf die Seite der Anticäsarianer herüberinterpretiert, daß man dieses ›Communiqué‹ auch als
kompromittierend auffassen konnte: »Cum enim … esse occurrendum putare*mus*.«

IN PUTEOLANO Id est fundo, quem in agro Puteolano habebam.
Haec igitur disputatio in Puteolano Ciceronis habita est, ut in Varronis Cumano Academicae disputationes disceptatae. Alias etiam villas:
Formianam, Pompeianam, Tusculanam possidebat. – HIRTIUS
Consul designatus cum Pansa. – IIS (= HIS) STUDIIS Ne ineptum
esse videatur cum eo habitum esse de philosophia sermonem, qui ab
ea abhorreret et alienus esset. – IDQUE ET SAEPE ALIAS Scilicet
fecimus: quod loquendi genus non raro solet in particula 'idque'
usurpari. – INTERVENTORIBUS Qui interveniunt nobis alliquid
agentibus, 'interventores' vocantur; qui domum nostram frequenter
adveniunt, 'adventores'. – QUASI LEGITIMA Usitata nobis velut
legis cuiusdam praescripto. Nam propter translationem 'quasi' addidit.

3 und 4

Das eigentliche Gespräch beginnt, und es beginnt trotz der
Urbanität sehr zielstrebig: Kein Hinweis auf die Szenerie,
kein Hinweis auf die Natur (sofern ein solcher nicht in der
Lücke II 4 »considamus *hic* …« verlorengegangen ist).

Hirtius, auch sonst Schüler Ciceros, äußert in einer glücklichen Stunde der Muße den ganz bestimmten Wunsch, Cicero sprechen zu hören, und es gibt sich, daß er nun einmal
einen philosophischen Vortrag nach der Art der Akademiker
dem gewohnten rhetorischen Pensum vorzieht. Er hat Ciceros *Tusculanen* gelesen und möchte nun einmal selbst erleben,
wie diese »Academicorum contra propositum disputandi
consuetudo« sich ausnimmt.

Hirtius stellt also das *Thema*, und er mag die Wahl gerade dieses Themas dann noch aus dem Eingriff des Schicksals in Cäsars Pläne heraus motiviert haben. Zweck des Gesprächs ist jedenfalls, den nicht so recht in diesen philosophischen Bereich passenden Hirtius motiviert einzuführen, Zweck aber auch, die monologische Gestaltung der refutatio fati zu begründen. Damit wendet sich die Gedankenführung zurück nach I 1 (casus quidam, ne facerem, inpedivit) und zugleich vorwärts in den beginnenden Vortrag, dessen Eröffnung nun nach wenigen Worten gespielten Zögerns und höflicher Ermunterung folgt.

Man darf vermuten, daß Cicero wirklich eine Anlage des Gesprächs von der Art im Sinne hatte, »ut in utramque partem perpetua explicaretur oratio«, und daß er in der jäh veränderten politischen Situation das vorbereitete Material durch einen glücklichen Regieeinfall in eine zur Veröffentlichung geeignete Form brachte, von der er sich zudem auch einen politischen Ertrag versprach.

QUIBUS ACCEPTIS (= ACTIS) Auditis. – EXERCITATIONES Quotidianis enim paene commentationibus declamandi se exercebat, et ad praeturam Graece semper declamarat, Latine vero senior quoque, et quidem Hirtio et Pansa coss. Declamandi assiduitatem declarat (Tusc. 1,4,7): "Ut enim antea declamitabam causas, quod nemo me diutius fecit, sic haec mihi nunc senilis est declamatio." – ALIQUID AUDIRE Aliquam tuam scholam et disputationem de philosophia. Auditor Hirtius erit, non disputator. – VEL AUDIRE Ut lubet, vel me dicentem audies vel ipse declamabis: nam apud eum Hirtius et Pansa declamabant. quos "grandes praetextatos" appellare solebat. Hirtium et Dolabellam discipulos suos in epistola quadam ad Papirium Paetum vocat (Fam. 9,16,7): "Hirtium ego et Dolabellam dicendi discipulos habeo, cenandi magistros. Puto enim te audisse, si forte ad vos omnia perferuntur, illos apud me declamitare, me apud eos cenitare." – GENERE PHILOSO-PHIAE Cum Academia nova, quae contra id, quod se quisque sentire dicat, disputaret, libro De oratore (3,19,71) tradit oratori coniunctissimam esse philosophiam Academicam et Aristoteleam, reliquas ei non necessarias: sed si eximiam speciem facultatis adamet, aut Carneadeam aut Aristoteleam vim esse comprehendendam. – SUBTILITATEM Subtiliter et acute ab Academia nova disserere discit, cuius mira sollertia

et subtilitas erat in excogitandis rationibus et argumentis contra cuiusque
sententiam. – POSSESSIO Quoniam Academici et oratores sumus. –
UTRO FRUI Condicio tibi sit optare vel declamantem vel de philosophia disputantem audire. – GRATISSIMUM Mihi facis, vel: mihi est.**
CONTRA PROPOSITUM Nam certi nihil esse dicerent Academici, quod aut sensibus aut animo percipi posset, aspernarenturque
omne animi et sensuum iudicium, reliquum erat, ut contra aliorum sententias disputarent. Ita sublata perceptione contra propositum iam inde
ab Arcesila disputare coeperant. –** ROMANUM HOMINEM Nam
Graecorum philosophorum istae disputationes erant, non hominum
Romanorum, qui non tantopere in philosophia versati erant. – PRO-
INDE ORDIRE Plurima hic deesse nemo non videt. Abest enim pro-
positio Hirtii multaque Stoicorum firmamenta fatum probantia. Quae
tamen, quia hodieque apud Plutarchum extant, plurimumque Ciceroni
sic trunco ac mutilo lucis afferre possunt, a me subscribentur (de fato
574 e 4): "In adversario genere", inquit, "prima ac praecipua captio videtur esse 'Nihil absque causa fieri, sed omnia fieri antecedentibus causis';
altera 'Mundum administrari natura ipsum sibi consentientem et conspi-
rantem'; tertia testimonium quoddam potius videtur esse. Advocatur
enim primum divinatio, quae cum hominum opinione floret, tum in deo
optimo maximo re vera viget. Deinde in iis, quae eveniunt, sapientium
hominum approbatio omnia recte ordineque fieri praedicantium. Post-
remo pervagatum illud 'Pronuntiatum omne verum vel falsum esse'."
Ista enim capita disputationis Stoicae erant, quae, ut captiosa Plutarchus
censet, ita a Cicerone hic refutantur.

5

Der *Textverlust* in der Lücke zwischen II 4 und III 5 ist sehr
beträchtlich (s. Anm. S. 172). Auf Grund der Berechnungen
von A. C. Clark gibt A. Yon einen Textumfang als verloren
an, der etwa 9 Teubnerseiten entspricht. Das bedeutet, daß
fast ein Drittel des Werkes untergegangen ist*.

---

* Rückverweise auf diese Lücke: IV 7 ad Chrysippi laqueos *revertamur*;
XVII 40 in adsensionibus, quas iam *prima oratione* tractavi. Vielleicht
auch III 6 Nam aut nihil omnino est fortuitum aut hoc ipsum potuit evenire
fortuna.

Jedenfalls steht Cicero mit seinen Darlegungen schon mitten in einem Zusammenhang, der die *Sympathie*-Lehre des *Poseidonios* zum Gegenstand hat. Ihr zufolge ergibt sich aus der inneren Solidarität, die alle Teile des Kosmos miteinander zuengst verbindet, die Möglichkeit einer gewissermaßen seismographischen Divination. Cicero räumt für einen Teil der genannten Erscheinungen – nämlich für die wirklich mit der φύσις in Beziehung stehenden – die Sympathie (naturae contagio) ein, lehnt jedoch für den ganzen Bereich höflich, aber entschieden, die Möglichkeit einer Fatum-Auswirkung ab (vis est nulla fatalis).

Die etwas mirakelhaften Beispiele der zweiten Gruppe werden dann noch im einzelnen zerpflückt, nicht ohne merkbare Ironie. Die Einzelangaben zu den Beispielen Antipatros, Daphitas, Philippos und Eikadios sind aus dem Turnebus-Kommentar ersichtlich.

CONSIDERAMUS HIRTI (= HIC) Veteres libri CONSTAMUSIEI, ex quo illud CONSIDERAMUS HIRTI factum est, nec propter tantam loci labem emendatio ex facili fuerit. – Hic autem Cicero refutat Stoicorum argumentum, quod ex continuatione coniunctioneque naturae, quam συμπάθειαν vocant, ad fatum probandum adferebant: sic enim ratiocinabantur: partes omnes mundi naturali cognatione teneri inter se conspirantes et copulatas: proinde seriem esse causarum perpetuam vi sese quoquoversum diffundente et propagante quadam contagione et parte parti respondente.** – ANTIPATRO Plinius (n. h. 7,51, 172) "Antipater", inquit, "Sidonius poeta omnibus annis uno die tantum natali corripiebatur febre et eo absumptus est satis longa senecta." Idem scribitur a Valerio Maximo (1,8,16). – IN BRUMALI DIE Id est bruma. Plinius (n. h. 2,41,108) "Floret ipso brumali die suspensa in tectis arentis herba pulegii." Cicero (div. 2,14,33) "Puleium aridum florescere brumali ipso die", quod ad contagionem refert. Exemplum autem quoddam a Posidonio fuerat inductum, in quo valuisse dicebat vim sideris brumalis, eventu in illis hominibus testatam, quod, verbi gratia, frigidis morbis obnoxii fuerint. – AEGROTANTIBUS FRATRIBUS "Quos idcirco", ut Augustinus (c. d. 5,2,5) scribit, "geminos esse coniecerat Hippocrates, cum id ex constitutione et affectione coeli fataliter evenire Posidonius

postea interpretatus sit." In libris, ut reor, De natura. (Cf. Fragm.
IV.) – IN URINA, IN UNGUIBUS Medici ex quibusdam rebus et
advenientes et ingravescentes morbos provident, et multas valetudinis secundae et adversae significationes et indicia habent, ex urinaque
multa augurantur; interdum et ex unguibus. Celsus (2,6,6) "Illa quoque", inquit, "mortis indicia sunt, ungues digitique pallidi, frigidus
spiritus." Quae signa Stoici ad consensionem naturae seriemque causarum consertarum referenda censebant. – NATURAE CONTA-
GIO Συμπάθεια, id est consensio convenientiaque naturae, quae
tamquam contactu afficit. Negat autem ex contagione naturae, quam
concedit, fatum probari. – IN ALIIS In iis exemplis, quae nec ad contagionem naturae nec ad artem et disciplinam referri possunt, sed
quae casu et forte fortuna evenerunt. – ILLO NAUFRAGO Posidonius homini cuidam, cuius nomen ne ipse quidem posuerat, praedictum fuisse scripserat in aqua esse pereundum: is autem naufragium
fecit et in rivo postea lapsus est: aut, cum ei naufragium letumque ex
aqua praedictum esset, in rivo lapsus est. – ICADIO Icadium saevis-
simum piratam fuisse (piratam enim hic praedonem Cicero vocat)
scribit Sextus Pompeius. Εἰκαδίων, nisi fallor, Suidas vocat. In eius
crura ex spelunca saxum incidit, cum tamen vitam maritimam cole-
ret. – DAPHITA "Qui", ut Valerius Maximus scribit (1,8,8), "cum
professione sophista esset, Delphis ad ludibrium Apollinem consu-
luit, an equum invenire posset, quem omnino nullum habebat: edita
sors est eum inventurum equum, quo periret. Itaque cum in regem
Attalum incidisset saepe contumeliis a se lacessitum, eius iussu de
saxo, cui nomen 'Equo' erat, praecipitatus est." – Strabo (14,1,39)
grammaticum fuisse scribit et in monte 'Thorace' suffixum cruce,
quod reges Pergami contumeliosis versibus incesseret: unde natum
"Cave Thoracem". Refert et hoc in reges maledicum eius epigramma:

Πορφυρέοι μώλωπες, ἀπορρινήματα γάζης
Λυσιμάχου, Λυδῶν ἄρχετε καὶ Φρυγίης. –

PACE MAGISTRI Nam Posidonium audierat (n. d. 1,3,6): "Et prin-
cipes illi Diodotus, Philo, Antiochus, Posidonius, a quibus instituti
sumus." – SUNT QUIDEM Legendum videtur SUNT QUAE-
DAM ABSURDA. – DE EQUO In monte Thorace, qui Magnesiae
impendet, saxum, unde praecipitatus est Daphitas, 'Equus' vocaba-
tur. Daphidas a Valerio et Suida vocatur. – QUADRIGULAS "Apollinis oraculo", ut Valerius ait (1,8,9), "Philippus, rex Macedonum,

monitus fuit, ut a quadrigae violentia salutem suam custodiret. Itaque toto regno currus disiungi iusserat eumque locum, qui in Boeotia 'Quadriga' dicitur, semper vitavit. Nec tamen denuntiatum periculum evitare potuit. Nam Pausanias in capulo gladii, quo eum occidit, quadrigam habuit caelatam." Hic autem quadrigae non solum quattuor equos sine curru iunctos significant, sed etiam currum, ut Valerius interpretatur. Oraculi verba fuerunt: Ἅρμα φυλάττεσθαι. Locus, quem Philippus in Boeotia semper vitabat, Ἅρμα dicebatur. – SINE NOMINE Cuius nomen Posidonius non posuit, ut fortasse commenticium sit ad libidinem exemplum. Quamquam ex eo fatum nihil affirmatur. Nam cum esset praedictum eum in aqua periturum, sortem fides non est secuta, cum in rivo tantum sit lapsus; immo vero, quod naufragus enataverit, in aqua perire non debuit. – PRAEDONIS Piratae. – PRAEDICTUM Nam ex praedictis et divinatione fatum probari solet, ut contra ex fato divinatio. Igitur in exemplo nulla videtur fati comprobatio, cum divinatio nulla antecesserit et alioqui enumerarit inter ea, quae praesagio fidem facerent aliquam fati.

6

Die zweite Gruppe der von Poseidonios angeführten Beispiele läßt sich auch aus Zufällen erklären. Offenbar war von der *Rolle des Zufalls* in der Lücke zwischen II 4 und III 5 schon die Rede; denn sonst wäre der Satz nicht gut verständlich: »Nam aut nihil omnino est fortuitum aut hoc ipsum potuit evenire fortuna.« Man kann daraus schließen, daß Cicero Poseidonios etwa folgendermaßen argumentieren ließ: »Es gibt zweifellos viele Erscheinungen, die sich aus dem Wirken des Zufalls erklären lassen; aber manche sind so profiliert, daß man in ihnen das Wirken eines Fatums deutlich erwiesen sieht.« Und bei diesem Zusgeständnis (etwa »Est aliquid fortuitum«) hakt Cicero ein; denn bei der Frage des Fatums geht es immer um einen Totalitätsanspruch (»Omnia fato fiunt …«). Wird er nicht gestellt oder nicht aufrechterhalten, so ist es ins Belieben des Interpreten gelegt, wie weit er den Spielraum anderer Möglichkeiten ausdehnen will (»… aut pleraque aut omnia …«).

Am Ende der Auseinandersetzung mit Poseidonios steht
dann die weiter zielende Frage: Wozu ist eigentlich der Begriff
›Fatum‹ gut, wenn man auch ohne ihn auskäme? Denn gesetzt den Fall, man kennte ihn nicht (»si fati omnino nullum
nomen, nulla natura, nulla vis esset, ...«), so ginge es auf der
Welt nicht anders zu als jetzt. Man würde sich das Weltge-
schehen aus der Natur oder aus dem Zufall erklären: »Sine
fato ratio omnium rerum ad naturam fortunamve referatur.«

SAXUM Non lapidis casu, sed saxi ruina et vastae molis ei crura
fracta comminutaque fuisse dicit. – LATE PATEBIT Non ad hoc tantum exemplum pertinebit. – QUID ERGO Complexio est, qua,
quod in partitione superiore Cicero posuerat, conficit, exempla a Posidonio adducta ad naturam aut fortunam omnino referri posse. Est-
que locus integerrimus, quod tamen nonnullis non videtur.

7

Ein Gliederungspunkt ist nun abgeschlossen: Von Poseidonios wird im weiteren nicht mehr die Rede sein. Wahrscheinlich handelt es sich nur um ein exkursartiges Einsprengsel in
den größeren Zusammenhang 'de contagione rerum', der
zunächst in der Auseinandersetzung mit *Chrysipp* behandelt
wurde: »Ad Chrysippi laqueos revertamur!« Die gemein-
same stoische Lehre (Alte Stoa – Mittlere Stoa) ermöglichte
die Digression.
    Es läßt sich aber auch erkennen, daß Chrysipp nicht nur
mit Behauptungen auf dem engeren Gebiet der ›Sympathie‹
eingeführt war; denn Cicero fährt fort: »reliqua postea persequemur«. Chrysipp war also mit einem ganzen Bündel von
Thesen vorgestellt worden, die möglicherweise alle dem
Thema 'de divinatione' zugeordnet waren.
    Vorerst bleibt das Gespräch also bei der 'contagio na-
turae'. Es handelt sich um die Beziehung zwischen den geo-
graphischen und klimatischen Bedingungen des Heimatortes
und der physischen, aber auch geistigen Konstiution des

Menschen, also zwischen φύσις τόπου und φύσις ἀνθρώ-
που. Auf sie hat der Mensch zunächst keinen willentlichen
Einfluß.

Die Widerlegung oder richtiger: die Einschränkung der
Gültigkeit dieser Argumente (und das ist soviel wie eine Widerlegung) erfolgt in ähnlicher Weise wie in III 5, aber weniger
ironisch.

CUM BONA GRATIA Levi ista refutatione in eum contenti simus,
ne, si infestius acriusque instemus, in eum iniquiores esse videamur,
quem non offendere, cui parcere, magistro praesertim, debeamus. –
LAQUEOS Captiosas et fallaces conclusiones: nam haec argumenta libello De fato Plutarchus etiam σοφίσματα vocat. – DE
IPSA RERUM CONTAGIONE De qua iam Posidonio respondi-
mus: sed quia a Chrysippo idem argumentum adfertur, diluendum
est; reliqua deinceps firmamenta evertemus. Contagionem vocat rerum convenientiam ex coniunctione naturae et quodam tamquam
contactu, cum ipsa rerum natura continuata sit et cohaerens. Συμπάθειαν appellare solent. Id enim est, quod Plutarchus ex Stoicorum
sententia in libello De fato scripsit, mundum sibi consentire et con-
spirare. Eodem autem ad divinationis confirmationem argumento
Stoici uti solebant. In quibusdam libris COGNATIONE legitur. –
ALIOS ESSE SALUBRES Ut Crotonem urbem. – PESTILENTES
Ut Sardiniam. – REDUNDANTES Superfluentes nimiaque pituita
suffusos: quales qui lacustria et palustria incolunt. Varios autem habi-
tus locorum Hippocrates diligenter in libello De aere, locis et aquis
notavit. – TENUE CAELUM Aer tenuis et liquidus, quia tenue
etiam solum est, ut scribit Thucydides, ex quo subtilis aspiratio. De
salubritate et temperie caeli Attici Plato (Tim. 24) ita scribit:
"Ταύτην οὖν δὴ τότε σύμπασαν τὴν διακόσμησιν καὶ σύνταξιν
ἡ θεὸς προτέρους ἡμᾶς διακοσμήσασα κατῴκισεν, ἐκλε-
ξαμένη τὸν τόπον, ἐν ᾧ γεγένησθε, τὴν εὐκρασίαν τῶν ὡρῶν
ἐν αὐτῷ κατιδοῦσα, ὅτι φρονιμωτάτους ἄνδρας οἴσει." Caelum
autem aer plerumque dicitur. Plinius (n. h. 2,38,102): "Namque et hoc
caelum appellavere maiores, quod alio nomine aera." – CRASSUM
THEBIS Hinc Horatianum illud (ep. 2,1,244): "Boeotum in crasso
iurares aere natum." In aere autem crasso stupidi et obtusi plerumque
sunt, qui nascuntur; quod tamen perpetuum non est, et Iuvenalis
scribit (sat. 10,50):

Summos posse viros et magna exempla daturos
Vervecum in patria crassoque sub aere nasci. –

PINGUES THEBANI Tardi et hebetes.** Proinde veteres in Boeo-
torum stuporem cavillantes "Suem Boeoticam" dicebant. – ET VA-
LENTES Robusti, fortes. Infra (VII 13): "In qua tibi cum Didoro valente dialectico magna luctatio est." In caelo autem crasso et concreto
corpora et proceriora et firmiora adolescunt. – TENUE CAELUM
Quamvis sit egregia habilitas ingeniorum in tenui caelo ad percipien-
dam philosophiam, et ex eo proclivitas et propensio, loci tamen contagio a voluntate disiuncta est hunc vel illum audiendi. – ARCESI-
LAM Ἀρκεσίλαος Graece vocatur, qui Dorico more a Latinis
'Arcesilas' appellatur: ut Ἀκουσίλαος a Cicerone in libris De oratore 'Acusilas' vocatur. – Zeno princeps Stoicae disciplinae fuit; Arcesilas auctor Academiae novae; Theophrastus Peripateticus auditor
Aristotelis fuit. Hos tres nominat, quod eodem tempore philosophiam Athenis docuerunt, quamquam Theophrastus Zenonem,
Zeno Arcesilam anteibat aetate. – NEQUE CRASSUM In quo va-
lentiores nasci solent et ad certationes corporum aptiores. – NEMEA
Ex Nemeaeo potius quam Isthmio certamine.

8

Zuerst wird das in IV 7 begonnene Thema zu Ende gebracht: Je
mehr man in die Einzelheiten vordringt (»Diiunge longius«),
desto weniger sind die zunächst für die *generelle* Konstitution
eines Menschenschlags plausibel dünkenden Beobachtungen
geeignet, *spezielle* Motivationen abzugeben. Strenggenommen
müßten eben dann z.B. alle Thebaner auch das gleiche Schicksal haben. – Ob es sich bei der Nennung des Pompeius und der
Iden um eine bewußte Anspielung auf das Schicksal Cäsars
handelt, bleibe dahingestellt. »Tecum (potius) quam cum alio«
nimmt jedenfalls wieder Bezug auf die politische Werbung in I 2.
   Eine Ausweitung auf die Astrologie wird nur angedeutet.
Wichtig ist fürs erste nur die Zurückweisung eines Totalitäts-
anspruches (»ad quasdam res ... pertinet aliquid, ad quasdam
autem nihil«).

Cicero läßt nun Chrysipp einwenden: Zweifellos weisen die Menschen in ihren physischen und psychischen Qualitäten größte *Unterschiede* auf. Diese Unterschiede müssen aber auf ebenso *unterschiedliche Ursachen* zurückzuführen sein (»has dissimilitudines ex differentibus causis esse factas«). – Die Widerlegung bzw. Einschränkung folgt in V 9–11.

ADFERRE POTEST Impellere. – IN PORTICU POMPEII Ambulationem iuxta theatrum suum Pompeius centum columnis suspensam extruxerat, amoenam proceritate assitarum platanorum.** – IN CAMPO Martio.** Illis in locis se plerumque otiosi ambulando delectabant. – IDIBUS Medio mense potius quam primo. – UT IGITUR Totus iste locus in Chrysippum, non in Posidonium confertur, quem iam cum bona, ut dixit, gratia dimisit. Contagionem affectionis astrorum, ut loci et caeli, ad quasdam res pertinere fatetur: ad voluntarias impulsiones negat. Nam Chrysippus in tractanda contagione, qua fatum comprobabat, astrorum affectionem et caeli constitutionem, unde mathematici praedicta sua ducunt, multum posse argumentatus fuerat. – AFFECTIO ASTRORUM ποία σχέσις καὶ διάθεσις, id est: eorum inter se comparatio ex aspectu triquetro, quadrato, sextili, aliisque id genus, quae solent mathematici in genituris observare. – AD OMNES NON VALEBIT Ad motus voluntarios, qui liberi et arbitrarii, non obnoxii neque coacti. – QUID MIRUM EST HAS DISSIMILITUDINES Haec argumentatio non efficit, quod vult Chrysippus, quia ista naturales causas habent, quibus obnoxiam docere deberet esse voluntatem.

9

Cicero gesteht Chrysipp zu, daß die Verschiedenheit der besonderen Veranlagungen auf eine Verschiedenartigkeit der Ursachen zurückzuführen ist (ex differentibus causis esse factas), und er benennt sie nun – im erhaltenen Text zum erstenmal – als »natürliche, vorausgehende Ursachen« (causae naturales et antecedentes, das sind προηγούμενα αἴτια φυσικά). Cicero läßt deren Einfluß gelten, soweit es sich um eine *außerhalb des Willens* liegende Hinneigung (propensio)

handelt, schließt sie aber aus für den Bereich des *willentlichen*
Begehrens (voluntas atque adpetitio). Die Begründung freilich ist bedenklich: »Nam nihil esset in nostra potestate, si ita
se res haberet.« Das gesuchte Ergebnis wird damit als Voraussetzung in den Beweis eingeführt, so daß es den Charakter
eines Postulats erhält.

Im weiteren folgt eine Veranschaulichung durch Beispiele.
Bemerkenswert ist daran die Vorwegnahme des Begriffs ʻcau-
sae principalesʼ (κύρια καὶ συνεκτικὰ αἴτια), der erst
XVIII 41 erläutert wird. Da es sich dort um die Lösung einer
Aporie handelt, ist es unwahrscheinlich, daß unsere Stelle
durch Rückbezug auf die Lücke II 4–III 5 erklärt werden
kann. Somit muß es sich wohl um einen Lapsus handeln.

QUA DE RE AGATUR Quid in controversiam veniat et de quo am-
bigatur. Verbum iurisconsultorum. Cicero (top. 25,95): "Sed quae ex
statu contentio efficitur, eam Graeci κρινόμενον vocant, mihi placet
id, quoniam quidem ad te scribo, qua de re agitur, vocari." Non videt
igitur, quid agatur et de quo dubitetur, Chrysippus. Quaeritur enim,
an, ut multarum rerum naturales causae sunt, sic nostrarum appeti-
tionum causae sint antecedentes et naturales. – CAUSA CONSI-
STAT Quaestio et controversia versetur. – ANTECEDENTES
Προκαταρκτικὰ αἴτια significat quae etiam προηγούμενα dicuntur, differuntque ab iis, quae συνεκτικὰ dicuntur, id est continentes
causae, cohibentes in se efficientiam naturalem: suntque vocabula
Stoica, quae e Stoicis medici mutuati sunt. Ab iis autem causis voluntas et appetitio immunis est, cuius libera est et soluta susceptio. – IN
NOSTRA POTESTATE Quod ἐφ' ἡμῖν Stoici appellant. Libertatem
enim voluntatis fati assertores nonnulli, ut Chrysippus et plerique
Stoici, retinent, qui fatum non ex necessariis et principalibus causis
nectunt, sed ex iis, quae praecursionem afferunt et antecessionem,
sine quibus res effici non possit. Cicero (top. 15,59): "Alia autem praecursionem quandam adhibent ad efficiendum et quaedam afferunt
per se adiuvantia, etsi non necessaria, ut: amori congressio causam
attulerat, amor flagitio. Ex hoc genere causarum ex aeternitate
pendentium fatum a Stoicis nectitur." – IN NOBIS In nostra potestate. – COGI Confici.** – NE UT SEDEAMUS QUIDEM Quod
voluntariam causam habet, non naturalem, cum ab appetitione et

susceptione animi libera proficiscatur, non a necessaria impulsione. -
PRINCIPALIBUS Κυρίοις καὶ συνεκτικοῖς αἰτίοις, ut Stoici loquuntur, quae quidem efficienter rem aliquam antecedunt. Aliud est
'principiale', quo Lucretius utitur (r. n. 5,246); nam a 'principio' de-
ducitur: "Principiale aliquod tempus clademque futuram."

10

Der Veranschaulichung durch allgemeine Beispiele (sedere,
ambulare, rem agere aliquam) folgen nun *historische Beispiele*:
Stilpon aus Megara (lehrte um 320 in Athen) und Sokrates
(469–399). - Die Einzelheiten der Bezeugung bietet Turnebus.

STILPONEM Veteres libri STILPHONEM habent,** atque ita hic
scribendum puto. - Hic autem *Stilbo* a Cicerone in Academicis
(2,24,75) dicitur, qui non solum Megarensis fuit, verum etiam secta
Megaricus. Nam Megarici quidam philosophi ab Euclide sunt appel-
lati, qui postea ἐριστικοὶ et διαλεκτικοὶ vocati sunt. Hic nescio quis
MEGAREON legit; quod etsi non improbo, tamen, ut in veteribus
libris repperi, '*Megaricum*' lego. - ACUTUM Acutus enim disputator fuit subtilisque dialecticus. - EBRIOSUM Proclivem et propen-
sum ad ebrietatem; quae etiam in mulieroso proclivitas est: hinc mu-
lierositas et ebriositas.** - SOCRATEM Idem a Cicerone scribitur
(Tusc. 4,37,80) et ab Alexandro Aphrodisiensi (de fato 171,11) his
verbis: "Εἰπόντος γοῦν Ζωπύρου τοῦ φυσιογνώμονος περὶ
Σωκράτους τοῦ φιλοσόφου ἄτοπά τινα καὶ πλεῖστον
ἀφεστῶτα τῆς προαιρέσεως αὐτοῦ τῆς κατὰ τὸν βίον καὶ ἐπὶ
τούτοις ὑπὸ τῶν περὶ τὸν Σωκράτη καταγελωμένου, οὐδὲν εἶ-
πεν ὁ Σωκράτης ἐψεῦσθαι τὸν Ζώπυρον· ἦν γὰρ ἂν τοιοῦτος
ὅσον ἐπὶ τῇ φύσει, εἰ μὴ διὰ τὴν ἐκ φιλοσοφίας ἄσκησιν
ἀμείνων ἐγένετο." - Docet autem in quibusdam, quae antegressas
habent causas, nullam tamen inesse necessitatem fatalem, cum ratione et consilio et disciplina et studio regi temperarique possint, atque adeo in totum tolli. - NOTARIT Probro coram affecerit, vitiis
eius in conventu notatis. - PHYSIOGNOMON Qui hominum mores naturasque ex corpore, oculis, vultu, fronte pernoscere solet. Iis
enim ex partibus potissimum augurantur mores atque naturam phy-

siognomones, qui et 'metoposcopi' vocantur.** – BARDUM Stultum
et ingenio tardum. Sex. Pompeius et Nonius (I 15 L.) explicant a vocabulo Graeco βάρδιστος. – IUGULA Duo enim homini utrimque
solent ad claves esse iugula fere cava: iugula in alio genere animantium
non sunt. Plinius (n. h. 11.43.243): "Terrestrium solus homo bipes, uni
iuguli, humeri: ceteris armi." Est autem dexter iugulus et sinister.** –
OBSTRUCTAS Ut intersaeptus esset spiritus nec ei liber commeatus
pateret: eaque esset in eo causa tarditatis. – ALCIBIADES Aut quod
puerorum amator esset Socrates aut quod nullum in eo vestigium li-
bidinis Alcibiades sensisset, a quo aliquando surrexit, ut si cum pa-
rente cubuisset.

II

Den Beispielen folgt nun die *Auswertung*. Die 'causae naturales' führen eine 'propensio' herbei, aber der Mensch ist seiner
Veranlagung nicht willenlos ausgeliefert. Er kann sie über-
winden durch »voluntas studium disciplina«, wozu noch aus
V 10 'doctrina' als Synonym tritt.

Es geht also darum, einen Bereich des freien Willens abzu-
grenzen gegen die 'causae naturales', die dem menschlichen
Willen entzogenen natürlichen Voraussetzungen, hinter denen sich das geradezu naturwissenschaftlich verstandene
stoische Fatum verbirgt.

Man kann gegen Ciceros Argumentation einwenden, daß
eben auch die Willensstärke zur Überwindung der 'vitia' eine
Veranlagung erfordert, die sich auf 'causae naturales' zurückführen läßt. Cicero würde diesen Einwand nicht anerkennen,
da für ihn der Wille als Grundlage der Personalität toto genere
verschieden ist von den Mächten der Umwelt und Veranlagung. Hier spricht auch der Römer aus ihm.

Wieder ist ein engerer Fragenkomplex damit abgeschlossen. Und sofort wendet sich Cicero der Absicherung des Ergebnisses gegen ein alles in Frage stellendes Gegenargument
zu: »Quae tolluntur omnia, si vis fati *ex divinationis ratione*
firmabitur.« Man kann mit Recht aus der etwas unvermittel-

ten Einführung der Mantik schließen, daß der Einwand erwartet wurde, daß er also zu den Thesen gehörte, die Chrysipp in der Lücke II5–III 5 vortrug; so daß Cicero nun die Ankündigung »reliqua postea persequemur« (IV 7) verwirklicht. Diese Überlegung paßt auch zu der Gliederung, die R. Philippson (RE, Tullius, Sp. 1162; vgl. Philolog. Woch. 57 [1934] 1031–39) vorträgt:

I. Divinatio
   a) naturae contagio (III 6)
   b) Satz vom Widerspruch (VI 12)
   c) ignava ratio (XII 28)
II. Die συγκατάθεσις (XVII 40)
III. Chrysipps Schwanken zwischen Freiheit und Notwendigkeit

TOLLI, UT IS IPSE Propensio, quae a naturalibus causis proficiscitur, proclivitas naturae est: avocatio ab ea studio et disciplina fit, cum etiam voluntatis inductione emendetur: tantum abest, ut voluntas naturalibus causis obnoxia sit. – QUAE TOLLUNTUR OMNIA Posito fato et ex divinatione constituto nullus relinquetur locus voluntati, studio, disciplinae. Divinatio enim non erit, nisi, quaecumque futura praedicentur, necessario eveniant. – EX DIVINATIONIS RATIONE Alterum caput, quo Stoici confirmant fatum: "Divinatio est, igitur fatum", istudque reciprocatur: "Si fatum est, esse divinatio videtur." Huius firmamenti Plutarchus in libello De fato meminit: locus autem tam de oraculis deorum quam de mathematicorum praedictionibus intellegi debet. Divinatio autem constat ex earum causarum notatione et observatione, quarum serie fatum conectitur.

12

Es folgt nun eine etwas schwierige logische Operation mit einem fiktiven 'perceptum astrologorum'. Zum sachlichen Verständnis ist vorauszuschicken, daß man unter dem (heliakischen) Frühaufgang eines Fixsterns den Tag versteht, an

dem dieser Stern Jahr für Jahr zum erstenmal in der Morgen-
dämmerung sichtbar wird, bezogen auf den Horizont des Be-
obachters. Das ist der Fall wenn die Sonne noch 10° und der
zu beobachtende Stern – infolge der Strahlenbrechung – noch
mehr als 30' unter dem Horizont steht. Sehr genau ist diese
bei den Alten übliche Beobachtung an sich nicht; man muß
jedoch bedenken, daß die Beobachtungsfehler stets die gleichen sind und daß der Sirius als der hellste Fixstern besonders
gut sichtbar wird. Der Tag des ortus heliacus ist für ihn der
23. Juli, heute noch der Beginn der 'Hundstage'.
    Die Operation als solche verläuft in zwei Stufen: Zunächst
wird der allgemeine Satz »Si quis …« auf einen konkreten
Fall »Si Fabius …« eingeengt; sodann erfolgt eine Umformung aus der hypothetischen Hypotaxe (Kondizionalsatz =
conexio) in die korrespondierende Parataxe (et … et … = coniunctio). Zweck dieser Operation ist der Nachweis, daß in
einer hypothetischen Periode, sofern sie inhaltlich stimmt (si
enim verum est …), die Apodosis (der Hauptsatz) mit *Notwendigkeit* aus der Protasis (dem Wennsatz) folgt, und zwar
auf Grund des Satzes vom Widerspruch (tertium non datur).
Man kann die Negation bei »morietur« nicht entbehren, da
sonst ein Widerspruch entstünde.
    Damit ist das für die Beurteilung des Fatums wichtige Pro-
blem aufgeworfen, ob die *logische Notwendigkeit*, als deren
Verfechter Diodoros Kronos (Mitglied der Megarischen
Schule, gest. 307) eingeführt wird, als Beweis für eine *kausale
Determination*, wie sie (mit Einschränkungen) Chrysipp vertritt, zulässig ist; ob also ein gleichsam statisch-zeitloses Urteil prognostische Bedeutung hat für ein dynamisch-histori-
sches Geschehen.

PERCEPTA Sic veteres libri, magisque vim et significationem voca-
buli Graeci PERCEPTUM quam PRAECEPTUM attingere videtur.
Sunt igitur percepta observata, notata, spectata praecepta: alioqui
apud Ciceronem ad comprehensionem hoc verbum pertinet, quam
Graeci κατάληψιν appellant. Θεώρημα porro vocabulum est ma-
thematicum, ut ex Euclide intellegi potest, ut et πρόβλημα. Addit

vocabulum Graecum ad ambiguitatem tollendam, ne de comprehensione et perceptione loqui videretur. - ORIENTE CANICULA Quod sidus ferventissimum est aestuque omnia vaporat et aquas siccat. - CUM DIODORO Diodorus is fuit, qui cognomento Cronus appellatus est, philosophus ex Megarica schola eorum, qui ἐριστικοί et διαλεκτικοί dicebantur: quem sic admiratus est Callimachus, ut in epigrammate scripserit (fr. 393):

Αὐτὸς ὁ Μῶμος
ἔγραψεν ἐν τοίχοις· ὁ Κρόνος ἐστὶ σοφός.

Huius Diodori dialectica imbutus Arcesilas fuerat, quod declarat Sillographi παρῳδία· "πρόσθε Πλάτων, ὄπιθεν Πύρρων, μέσσος Διόδωρος" vixitque ante Arcesilam et Chrysippum. Hoc autem loco explicat rationem enuntiationum, quae de re futura deque eo, quod fieri possit aut non possit, aliquid dicunt, quod in prooemio pollicitus est. - LUCTATIO Obtinere enim contendis contra eius sententiam, quae non sunt futura, tamen fieri posse, cum ex divinatione nunc eius sententiam imprudens confirmes. - CONECTITUR Ἐκ συνημμένων Stoici appellant, quorum dialectica Cicero utitur. - SI FABIUS Nomen Fabii in exemplis hominum liberorum usurpare veteres solebant. Cicero (div. 2,34,71): "Q. Fabi, te mihi in auspicio esse volo." In Topicis (3,14): "Si ita Fabiae pecunia legata est a viro." In servis 'Manium' dicere solebant. Cato (de agric. 141): "Cum divis volentibus, quodque bene eveniat, mando tibi, Mani." - CONIUNCTIO Συμπεπλεγμένον vocatur a Stoicis. Copulationem dicere solemus. - OMNE ERGO, QUOD FALSUM Quod Diodoro videtur, Chrysippo refragante, sed posita divinatione confirmatoque fato ista se necessitate constringente et in has angustias se redigente.

13

Das Ergebnis der logischen Umformungsoperationen in VI 12 lautete: » Omne ergo, quod falsum dicitur in futuro, id fieri non potest.« Damit ist der Streitgegenstand präzisiert. Für Diodor ist - nach dieser Darstellung - Wirklichkeit und logische Richtigkeit identisch; das zeigt sich besonders bei der Beurteilung künftiger Ereignisse: Was eintritt, tritt mit Notwendigkeit ein;

was nicht eintritt, tritt mit Notwendigkeit nicht ein. Chrysipp
hingegen läßt den Ereignissen einen Spielraum: aus den künftig
möglichen tritt jeweils – unbeschadet der Möglichkeit – nur
eins in die Verwirklichung, und umgekehrt: die bereits einge-
tretenen historischen Ereignisse stellten nur die Verwirklichung
einer von vielen Möglichkeiten dar (Beispiel: die Tyrannis des
Kypselos in Korinth [657–627?]).

Offenbar hatte Chrysipp diese Argumente nur in der De-
fensive gegen Diodor vorgebracht, ohne zu bedenken, daß
damit seine Stellung zur Mantik ins Wanken gerät. Mit eini-
gem Genuß verweilt Cicero nun bei dieser schwachen Stelle
im System des Chrysipp.

ILLE ENIM Hac in re, quam secum pugnet Chrysippus nec se explicare queat, Plutarchus exponit in libro De Stoicorum repugnantiis
(p. 1055): "Ὁ δὲ τῶν δυνατῶν λόγος πρὸς τὸν τῆς εἱμαρμένης
λόγον αὐτῷ πῶς οὐ μαχόμενός ἐστιν; Εἰ γὰρ οὐκ ἔστι δυνατόν,
ὅπερ ἤ ἐστιν ἀληθὲς ἤ ἔσται κατὰ Διόδωρον, ἀλλὰ πᾶν τὸ ἐπιδεκτικὸν τοῦ γενέσθαι, κἂν μὴ μέλλῃ γενήσεσθαι, δυνατόν
ἐστιν, ἔσται δυνατὰ πολλὰ τῶν μὴ καθ᾽ εἱμαρμένην ἀνίκητον
καὶ ἀνεκβίαστον καὶ περιγεννητικὴν ἁπάντων, ἤ εἱμαρμένης
δύναμιν ἀπόλλυσιν· ἤ ταύτης, οἵαν ἀξιοῖ Χρύσιππος, οὔσης,
τὸ ἐπιδεκτικὸν τοῦ γενέσθαι πολλάκις εἰς τὸ ἀδύνατον ἐμπε-
σεῖται. καὶ πᾶν μὲν ἀληθὲς ἀναγκαῖον ἔσται τῇ κυριωτάτῃ
πασῶν ἀνάγκῃ κατειλημμένον· πᾶν δὲ ψεῦδος ἀδύνατον, τὴν
μεγίστην ἔχον αἰτίαν ἀντιπίπτουσαν αὐτῷ πρὸς τὸ ἀληθὲς
γενέσθαι. ᾧ γὰρ ἐν θαλάσσῃ πεπρωμένον ἐστὶν ἀποθανεῖν,
πῶς οἷόν τε τοῦτον ἐπιδεκτικὸν εἶναι τοῦ ἐν γῇ ἀποθανεῖν;" –
FRANGI HANC GEMMAM Quam in anulo Cicero habebat. –
CYPSELUM Nomen habuit a Cypsela, id est cumera, in qua latuit
exploratoresque effugit. Herodotus (5,92), a quo historia narratur, an-
norum non meminit, sed sortem primum Bacchiadis, deinde Eetioni
Cypseli patri editam refert: ut vel alium scriptorum Cicero sit secutus, vel 'millesimo ante anno' pro 'multo ante' dicat, quam sententiam
magis omnino probo. – AT SI ISTA COMPROBABIS Si veram sta-
tues divinationem vatumque effata et oracula. – ET QUAE FALSA
Quod paulo ante (VI 12) ex divinatione complectebatur, cum ita
scripsit: "Omne igitur, quod falsum dicitur in futuro, id fieri non potest." – IN IIS HABEMUS (= HABEBIS) Iam enim confecimus. –

UT SI DICATUR Si quae falsa in futuris dicuntur, fieri non possunt, et si praedicta comprobanda sunt, ut Chrysippus comprobat, in Diodori sententiam invitus incidit. Sensus est: "Si comprobas divina praedicta, Chrysippe, necessarium dicas eodem modo regnaturum Cypselum Corinthi (eveniet enim), ut si dicatur 'Africanum potiturum Carthagine', quod evenit postea; ea enim potitus est: et si dicatur vere de futuro, idque futurum sit: quae tota Diodori sententia est, qui verum in futuro censet tantum, quod futurum sit, idque necessarium. Ita invitus delaberis in Diodori sententiam."**

14

Cicero rekapituliert hier. Immerhin erfahren wir, daß Kleanthes und Chrysipp hinsichtlich der Unabänderlichkeit vergangener Ereignisse verschiedener Meinung waren. Hier scheint ein Widerspruch vorzuliegen zu der Äußerung Chrysipps (VII 13): »neque necesse fuisse Cypselum regnare Corinthi ... «. Es handelt sich aber um eine Betrachtung von verschiedenem Standpunkt aus: Es war nicht unausweichlich notwendig, daß es zur Tyrannis des Kypselos kommen mußte, aber da sie nun einmal historische Faktizität erlangt hat, ist sie unabänderlich. »Necesse fuisse« urteilt also – sich rückversetzend – über ein künftiges Ereignis, »necessarium est« hingegen – vom Standpunkt der Gegenwart – über ein vergangenes.

Zu beachten ist auch, daß der Protasis »Si Fabius natus est oriente Canicula« eine Voraussetzung unterschoben wird, von der bisher nicht die Rede war: »Si naturalis est *causa*.« Damit mündet die Überlegung zurück in den schon V 9 genannten Gedanken.

CONECTITUR Συνημμένον Stoici vocant conexum, nos condicionalem propositionem. Est autem apud Stoicos, quorum dialecticis Cicero imbutus erat, primus conclusionis modus, cum assumitur primum, ut sequatur annexum. – DISSENTIENTI A MAGISTRO Nam propter immutabilitatem praeterita censere videbatur necessaria Chrysippus, cum in ea ne deus quidem ullum ius habeat praeterquam oblivionis. At Cleanthes eius magister necessitatem ex natura rerum potius quam ex immutabili temporis condicione metiebatur. Itaque "Natus est Fabius oriente canicula" ei necessarium non videbatur: nec id de liberis tantum causis intellegebat; quod Ciceronis exemplum satis declarat. – QUAMQUAM ID CHRYSIPPO Si necessarium est, quod in conexo primum est, quod annectitur, etiam necessarium esse tradunt. Quod et hic Cicero argumentatur, cum exceptione tamen, quod probet acumen Chrysippi id in omnibus non valere existimantis, sed in multis videri censentis, ex condicione potius quam ex natura: aut aliquas certe argutias adducebat Chrysippus, quales in logicam multas coniecerat, etiam nonnumquam incredibiles et falsas: cuiusmodi est istud apud Plutarchum (adv. Stoicos, p. 1059 d): "τὸ γάρ, ὦ ἄριστε, συμπεπλεγμένον δι' ἀντικειμένων μὴ φάναι ψεῦδος εὐπόρως εἶναι, λόγους δὲ πάλιν αὖ φάναι τινὰς ἀληθῆ τὰ λήμματα καὶ τὰς ἀγωγὰς ἀγηθεῖς ἔχοντας, ἔστιν ὅτε καὶ τὰ ἀντικείμενα τῶν συμπερασμάτων ἔχειν ἀληθῆ, ποίαν ἀποδείξεως ἢ τίνα πίστεως οὐκ ἀνατρέπει πρόληψιν;" – SED TAMEN Si ex conexo forte necessario non semper sequitur annexum necessarium, argumentabimur: si causa naturalis est, cur non moriatur in mari, in mari non moriturum. – SI NATURALIS Aἴτιον φυσικόν quod προκαταβεβλημένον vocat (Alexander) Aphrodisiensis. Causae autem hae sunt inclusae in rerum natura atque mundo, ut Stoici censent. Nec hic Cicero assentitur Diodoro, sed ex divinationis comprobatione docet Chrysippum in Diodori sententiam incidere.

15 und 16

Durch die Umformung des Theorems aus der Hypotaxe in die Parataxe (vgl. VI 12) hofft Chrysipp der Nezessität zwischen Protasis und Apodosis zu entkommen. Der an sich denkbare Weg entfernt sich völlig von der Wirklichkeit des Sprachgebrauchs, und Cicero macht sich ein Vergnügen daraus, die Folgen einer solchen Sprachregelung auszumalen.

AESTUANS Satagens valdeque laborans nec tamen se extricans, ab 'aestu' ductum. Sic alio huius libri loco Cicero loquebatur, qui a Gellio affertur (N. A. 7,2, 15 = Fragm. I). – FALLI SPERAT Ioculariter dicit

Chrysippum sperare se fucum esse facturum astrologis. 'Falli' autem pro
'falsum iri', vel 'falli posse' dixit.** – CHALDAEOS Id est 'mathemati-
cos': genethliaci enim omnes, qui ex natalicio sidere futura praesagiunt,
Chaldaei vocantur; quod enim illa natio siderum observandorum peritis-
sima fuit, factum est, ut mathematici ita vocarentur. Chaldaeorum enim
artem per totam Asiam Berosus sparserat, et ex eo vocabulum increbrue-
rat.** – CONIUNCTIONIBUS Coniunctiones copulationes significant, ut in Topicis (14,57): "Deinde addunt coniunctionum negantiam,
sic: 'Non et hoc et illud; hoc autem; non igitur illud'. "Supra (VI 12):
"Ergo haec quoque coniunctio est ex repugnantibus: 'Est Fabius et in
mari Fabius morietur'." Hic pro conexionibus usus est: quod, ut opinor
eadem utriusque sit necessitas, coniunctionis et conexionis. – SI QUIS
NATUS Proinde quasi plus in iis enuntiatis necessitatis lateat quam in
aliis, quae sunt tamen ἰσοδυναμοῦντα. – NE IPSE INCIDAT Ne in
Diodori sententiam labatur. – INFINITARUM Communium et uni-
versarum, ut quaestiones infinitae dicuntur, quae theses sunt: nisi si quis
pro indefinitis forte censeat intellegi. – CONIUNCTIONEM Nam repugnantia pronuntiata fiunt ex coniunctis, non ex conexis; idcirco dixit
CONIUNCTIONUM NEGATIONEM, in Topicis (14,57) 'coniunctionum negatiam'. Hoc modo: "Et Fabius sub canicula natus est et in
mari morietur." – CUR IDEM MEDICI Nam hoc genus orationis insolens est et ignotum medicis, geometris et reliquis: neque percepta artis
quisquam hac formula concepit, quam Chrysippus dictat. – PERSPEC-
TUM IN ARTE Quae antea vocavit 'percepta': ut locus fidem faciat
PERCEPTA potius quam PRAECEPTA legi debere. – VENAE** Ve-
teres et vulgus arterias a venis nihil distinguebat. Venas igitur arterias dicit, quae micant continenter in corpore. – GEOMETRAS Ut apud Fabium (apud Hyginum, De astrologia) libro primo, sic hoc loco astrologia
geometriae pars est: et in prima Tusculana (1,2,5) geometria et arithme-
tica artes omnes mathematicas complectuntur. – MAXIMI ORBES Ut
aequator, zodiacus, meridianus; alii minores: tropici, arctici. – MEDII In
duas aequales partes.

QUID EST QUOD Cum in iis pronuntiatis locutionis, non sententiae, mutatio tantum sit: sunt enim, ut iam dixi, ἰσοδυναμοῦντα. Quo
autem pacto ex conexis repugnantia fiant, explicat Boethius in Topicis. –
DISTORTIUS Quod rectum esse videatur in conexis et coniunctis genus orationis, in repugnantibus tamquam depravatum et distortum:
cumque in disputationibus genus istud Stoici frequentarent, idcirco in
Tusculanis eos contortius concludere dicit, et lib. II De divinatione

(2,51,106) sic scribit: "Deinde contorquent et ita concludunt: 'Non igitur sunt di nec significant futura'." Nec alia de causa 'Stoicorum dumeta' (Ac. 2,35,112), ut arbitror, dicit, quam quod in hoc dicendi genere inest asperitas quaedam. – STOICORUM CAUSA Ne Stoicorum praecepta labefactare videantur, si aliter enuntient.

17

Das exkursartige Verweilen bei den Folgen der Sprachvergewaltigung Chrysipps ist beendet. Die Ausführungen kehren zurück zur Auseinandersetzung mit Diodor. Anknüpfungspunkt ist der Schluß von VI 12 »Morietur in mari Fabius«. Im weiteren werden keine Verknüpfungen von Urteilen mehr folgen, sondern einfache Hauptsätze im Futur (»Morietur Scipio«).

Diese Rückkehr zu der in der Einleitung (I 1) angekündigten »obscura quaestio, quam περὶ δυνατῶν philosophi appellant« ist jedoch nicht ganz durchsichtig geraten. Eine Gegenüberstellung soll sie verdeutlichen:

A (VII 13)	B (IX 17)
Ille (= Diodorus) enim	Placet igitur Diodoro
1. id solum fieri posse dicit, quod	id solum fieri posse, quod
aut sit verum	aut verum sit
aut futurum sit verum,	aut verum futurum sit.
	Qui locus adtingit hanc quaestionem: *nihil* fieri,
2. et *quicquid* futurum sit,	*quod non* necesse fuerit;
id dicit fieri necesse esse,	
3. et quicquid *non* sit futurum,	et *quicquid* fieri possit,
id *negat* fieri posse.	id aut esse iam aut futurum esse.

Die Sätze A1 und B1 sind also völlig identisch, wenn man von der variierten Wortstellung absieht. Im Falle B2 ist an die Stelle der positiven Formulierung eine negative getreten, die den Ausschließlichkeitsanspruch verschärft. Bei den Sätzen A3 ist das Verhältnis umgekehrt: die negative Formulierung

hat einer positiven Platz gemacht. Auch in dieser Formulierung wird der Sache nach das gleiche ausgedrückt, aber eben
nur der Sache nach. Denn in B2 und B3 ist an die Stelle von
›futurum sit‹ (ursprünglich im Nebensatz) der Infinitiv Prä-
sens ›fieri‹ (ursprünglich im Hauptsatz) getreten. Damit hat
der Betrachtungsstandort gewechselt: die ursprüngliche Fassung blickt auf das zukünftige Ereignis (sub specie aeternita-
tis) als Verwirklichung *einer* ausschließlichen Möglichkeit,
während die neue Fassung im Blick auf die (jeweilige) Gegenwart den in ihr sich ereignenden notwendigen Vollzug einer
ausschließlichen Möglichkeit sieht, mit dem Zusatz, daß die
zwangsläufige Verwirklichung in jedem Falle eintreten werde
(aut futurum esse).

Es ist also nicht so, als ob die neue Fassung etwa den Standpunkt Chrysipps zu dieser Frage darstelle; dieser ließe ja gerade alle Möglichkeiten offen. Was ist aber dann mit »haec
quaestio« gemeint? Es muß wohl so sein, daß »haec quaestio«
die Fragestellung περὶ δυνατῶν als solche meint, also gewissermaßen den Fragebogen, den man den verschiedenen Philo-
sophenschulen zur Beantwortung vorlegt. Es wird festgestellt,
daß für Diodors These A1 dieser Fragebogen anzuwenden ist
(adtingit), und es wird nun zu untersuchen sein, wie die Dio-
dorformulierungen A2 und A3 sich zu den Feststellungen der
›quaestio‹ unter B2 und B3 verhalten, und was daraus für die
Frage nach dem Fatum zu folgern ist. Daß Chrysipps Ansichten zum Thema περὶ δυνατῶν anders lauten, ist im Vorausgehenden dargestellt worden, und ebendiese Darstellung hat
eine rekapitulierende Rückkehr zum Hauptstrang der Gedankenführung notwendig gemacht.

Im übrigen ist auch ein wichtiger Gedankenfortschritt er-
zielt: die ›inmutabilitas‹ kommt nicht nur den Geschehnissen
der Vergangenheit zu, sondern (sub specie praeteriti) auch denen der Zukunft; sie ist nur weniger evident.

MAIUS Difficilius.** – CONTORTIONES Quae ex repugnantibus
contexuntur.** – SIGNORUM Eorum ars. –
SED AD ILLAM Explicat sententiam Diodori, qua Chrysippo re-

spondere potest. Diodorus autem fatum non inducit, sed in enuntiatis vim verborum interpretatur, non causarum seriem ponit, cum
tamen ex vi verborum et ex enuntiationibus fatum confirmaret Chrysippus. Haec autem Diodori contentio tota ad logicen, ut initio dixit,
pertinet. – CONTENTIONEM Contendit enim, si quid in futuro
verum sit, non posse non evenire. Libros Περὶ δυνατῶν Chrysippus
scripserat, in quibus magna illi cum Diodoro luctatio erat. – QUID
FIERI POSSIT Sitne eiusmodi, ut necessario, ut Diodoro videtur,
eveniat, an ut non sit necesse evenire, quae Chrysippi sententia est. –
QUID VALEAT Quae vis sit eorum enuntiatorum, in quibus quid
fieri posse dicitur. – DIODORO Quod fieri possit, censet Diodorus
immutabilitatem et necessitatem habere nec fieri posse, quin eveniat. –
ATTINGIT Ad hanc sententiam, de qua quaeri solet, pertinet:
'Quae fiunt, necesse esse fieri'. – SED IN FACTIS Non item ut in
praeteritis apparere in futuris immutabilitatem et necessitatem, sed la-
tere, cum tamen nihilo minor sit, quae non esse videbatur in pleris-
que. – COMMUTATIO Ut si verum sit futurum aliquid, id omnino
evenire sit necesse; et si enuntiatum de futuro verum sit, non possit in
falsum commutari. Ut enim quaerebatur: 'Possetne eloquentia in in-
fantiam commutari et virtus in vitium converti' in hominum docto-
rum disputationibus; item quoque: 'Possetne verum in falsum converti'; quod plane Diodorus negat. – MORIETUR SCIPIO
Aemilianus, qui, cum Flacco, Graccho et Carboni adversatus esset,
fortis valensque in cubiculo mortuus inventus est postridie. Ei vim
Carbo attulisse existimatus (est), ut scribit Cicero ad Paetum (fam.
9,21,3); quod et hic sequi videtur. Alii venenum ei ab uxore Sempro-
nia, Gracchi sorore, datum suspicati sunt.

18

Der Gedanke, daß auch zukünftigen Ereignissen die Unabänderlichkeit zukommt, wird weiter verfolgt. An dem Beispiel
»Morietur Scipio« ist das jedem sofort klar, doch wird er
nicht geneigt sein, dieser Aussage den Wert einer Prophezeiung zuzuerkennen. Wenn nähere Todesumstände mitgenannt
sind wie »noctu in cubiculo suo vi oppressus«, betrachten wir
das als eine echte Prophezeiung. Und doch haben beide Aussagen gleichen Wahrheitsgehalt (nec magis erat verum), glei-

che Unausweichlichkeit (nec magis necesse) und gleiche Unabänderlichkeit (nec magis inmutabile), wobei 'necesse' und 'necessarium' wieder das Ereignis aus verschiedener Zeit betrachten (vgl. zu VII 14). Deshalb ist nun auch »necatus est« dem »necabitur« gegenübergestellt. »Morietur illo modo« ist schon im Worte »necare« dem Sinne nach enthalten.

Wohin diese Argumentation zielt, bleibt für einen Augenblick unklar; denn eigentlich, so scheint es, spricht Cicero gegen sein eigenes Interesse, wenn er sich auf die Unabänderlichkeit der Zukunft einläßt. Sie scheint doch in nächster Nähe des Fatums zu stehen.

Ehe dies jedoch zu Ende gebracht wird, schiebt sich die Einbeziehung und Ablehnung der Epikureischen Lösung dazwischen. Die Auseinandersetzung wird mit größerer Genauigkeit später (XI 26) weitergeführt. Hier ist nur summarisch erklärt, daß mit den Bahnabweichungen der Atome Epikurs nichts weiter gewonnen ist als zwei neue Schwierigkeiten (... suscipiat res duas inenodabiles), die beide aus der Ursachenlosigkeit eines Geschehens erwachsen.

MORIETUR NOCTU Quod tamen in speciem minus necessarium esse videtur quam 'morietur': propterea quod omnes mortales hac condicione nati sunt, ut moriendum sit eis. Contendit tamen Diodorus non minus esse necesse. – EX EO, QUIA Nam ex factis, quae futura fuerint, intellegimus. – NEC MINUS NECESSE Sic libri veteres habent, ut non sit temere mutanda lectio. Dilucidam sententiam magis reddunt et aliam faciunt, qui MAGIS legunt. Ceterum sententia esse potest: "Nec magis nec minus esse necessarium 'Morietur' quam 'Illo modo morietur'." Legi potest: "NEC MINUS QUAM NECESSE MORI SCIPIONI, ILLO MODO MORI." – NEC CUM HAEC ITA SUNT Quamquam enuntiationes necessitatem veri vel falsi habent, ut Diodorus censet, non tamen ea de causa fatum fuerit: quod cum timeret Epicurus, et omnem enuntiationem veram vel falsam esse negavit et motum quendam commenticium declinationis atomorum induxit. – EXTIMESCAT Quod confirmari putabat, si omnis enuntiatio vera vel falsa esset. – AB ATOMIS Ab atomorum declinatione, cuius ope fatum tollit, cum declinatio a naturalibus impulsionibus et necessariis causis voluntatem liberet. Lucretius (r. n.

2,251). – DE VIA DEDUCAT Nam via ponderum, ut atomorum, e regione est et ad perpendiculum: nunc Epicurus declinationem inducit incerta regione et incerto tempore, ut voluntatis libertatem retineat. Lucretius (r. n. 2,217):

> Corpora cum deorsum recta per inane feruntur
> ponderibus propriis, incerto tempore, ferme
> incertisque locis spatio decedere paulum:
> tantum quod momen mutatum dicere possis. –

INENODABILES Quas enodare nemo possit; quibus se nemo possit expedire. – UT SINE CAUSA FIAT Quia declinationis nullam causam Epicurus affert, ut aliorum motuum. Moveri per inane profundum, verbi gratia, individua corpuscula dicit propter pondus et resilire in concursionibus ex plaga: ut illorum motuum causae sint pondus et plaga; declinationis autem quam afferre tandem causam potest? Itaque in ea et a Cicerone et ab omnibus Stoicis valde exagitatur et vexatur. Plutarchus (De animae procreatione in Timaeo 1015): "'Επικούρῳ μὲν γὰρ οὐδὲ ἀκαρὲς ἐκκλῖναι τὴν ἄτομον συγχωροῦσιν, ὡς ἀναίτιον ἐπεισάγοντι κίνησιν ἐκ τοῦ μὴ ὄντος." Et Epicurei, sibi conscii culpae, timide eam ponebant et minimam sibi concedi postulabant. Lucretius (r. n. 2,243):

> Quare etiam atque etiam paulum inclinare necessest
> corpora; nec plus quam minimum, ne fingere motus
> obliquos videamur, et id res vera refutet.
> namque hoc in promptu manifestumque esse videmus,
> pondera, quantum in se est, non posse obliqua meare,
> ex supero cum praecipitant, quod cernere possis;
> sed nihil omnino recta regione viai
> declinare quis est qui possit cernere sese? –

DE NIHILO Nam si declinatio ista sine causa est, de nihilo erit: ex quo fiet, ut aliquid de nihilo sit, quod nec physici nec ipse Epicurus voluit. Lucretius (r. n. 1,150):

> Nullam rem e nihilo gigni divinitus unquam.

PER INANITATEM Per inane. Duo enim Epicurus principia ponit: atomos et inane. – E REGIONE Ad rectas lineas, ad perpendiculum,

exadversum, quod Epicurus κατὰ στάθμην dixit. – ALTERUM
DECLINET Non enim causari poterit, quid sit, quod atomus una
recta moveatur, altera oblique; quod tamen ei suscipiendum erit.

19

Der physikalische Teil der Lehre Epikurs wurde vorerst nur
angedeutet. Von Interesse für Cicero ist hier die epikureische
Logik, die den Satz vom Widerspruch nicht anerkannte. Cicero (d.h. Karneades) bietet (ähnlich wie Karneades XI 23)
eine andere Lösung an, die auf das Ende der Auseinandersetz-
zung mit Diodor hinführt: Er trifft eine Unterscheidung von
Ursachen (sie ist nicht identisch mit der Einteilung Chrysipps
XVIII 41):

	causae	*sine causis*
aeternae	causae naturae	causae fortuito antegressae
necessitate manantes;		

= causae cohibentes in se efficientiam naturalem;
= causae fatales;
= causarum series sempiterna.

An die Stelle eines ursachenlosen Geschehens brauchte Epikur also nur die »causae fortuito antegressae« zu stellen, und
er entkäme sowohl dem Einwand der »physici« als auch dem
»fatum«.

LICET ENIM EPICURO Quod non concedit tamen, fatum veritus.
Putat enim, si omnis enuntiatio sit vera aut falsa, fatum fore, cum esse
vera aut falsa sine antegressis causis et ex naturae necessitate manantibus non possit: quod falsum est. Nam causae voluntariae esse possunt, ut in Academiam descendendi. – NON ENIM AETERNIS Ex
quibus consertum et contextum fatum esse oportet. – DESCENDIT
Erat enim in declivi Academia, Athenae in edito. – CARNEADES
Novae Academiae philosophus, disputator acerrimus. – SINE CAU-
SIS voluntariis, quae ab animi inductione, impulsione et ratiocina-
tione proficiscuntur, quae fortuito antegrediuntur. Nec hic Diodo-

rum Cicero relinquit, cum ex ratione Diodori Epicureos Stoicis respondere nullo negotio posse ostendit: nec Diodorus necessarias causas ponebat, sed quae vis earum enuntiationum esset, in quibus aliquid fieri posse aut non posse dicebatur, quaerebat. – FORTUITO ANTEGRESSAS In quibus nulla est necessitas fatalis. – ET INTER CAUSAS Quae necessariae sunt et necessario efficiunt. – COHIBENTES Continentes. Συνεκτικὰ αἴτια Graeci vocant, ab illis, quae προκαταρκτικά et ἐκτὸς αἴτια dicuntur, diversa. – EFFICIENTIAM Vim efficiendi. Cicero in Topicis (15,58): "Causarum igitur genera duo sunt: unum quod vi sua id, quod sub ea subiectum est, certe efficit, ut ignis accendit" (cf. XVI 36). – ITA ET SEMPER Sine causis necessariis, ex aeterno verum fuit, ut inquit ex sententia Diodori: "Morietur Epicurus." – ARCHONTE PYTHARATO Annui archontes apud Athenienses erant, ex quorum nominibus annos numerabant, ut Romani consulum.** Pitharati autem magistratu mortuum esse Epicurum etiam (Diogenes) Laertius scribit (10,1).

20a (IX 20)

Die Auseinandersetzung mit Diodor findet nun einen schnellen Abschluß, der mit der Hereinziehung der Lehre Epikurs vorbereitet wurde.

Cicero erklärt – der Sache nach –, die Logik sei in Sachen Fatum nicht kompetent. Man könne sich und müsse sich wohl damit einverstanden erklären, daß die Zukunft im Diodorschen Sinne unabänderlich sei (immutabilia esse, quae futura sint), aber es handle sich dabei nur um ein Interpretieren von Wortbedeutungen (verborum vim interpretantur). Gefährlich sei also nicht Diodor, sondern Chrysipp, der Vertreter des Kausalnexus (series causarum sempiterna); denn er rühre an die Freiheit des menschlichen Willens.

Mit diesem Beiseiteschieben Diodors hat Cicero zweifellos recht. Denn es handelt sich um eine Grenzüberschreitung der Logik. Ein zukünftiges Ereignis rückt mit Unausweichlichkeit heran (fieri necesse est); nach seinem Vollzug ist es unabänderlich (inmutabile). Aber man kann nur von einem zeitlosen Standpunkt aus so urteilen. Daher auch die recht trockene

Bemerkung Ciceros: »Quod ita cecidit, certe casurum, sicut cecidit, fuit« (IX 19). Es ist auch zu beachten, daß Diodor nie von 'Ursachen' spricht.

NEC QUI DICUNT Ut Diodorus, qui tantum quaerit, quid valeant enuntiationes de eo, quod fieri potest aut non potest, non causas fatales scrutatur. – VERBORUM VIM INTERPRETANTUR Veraene sint enuntiationes an falsae. – AT QUI INTRODUCUNT Ut Stoici.

20b (X 20) und 21

Der eigentliche Gegner ist nun in der Stoa festgestellt. Chrysipp als ihr Wortführer vertritt die lückenlose Gültigkeit der Kausalität und gibt dieser Kausalität auch den Namen Fatum. Er vermeidet (wenn man bei der Übersetzung ins Lateinische so sagen darf) das Wort 'necessitas'. Es ist also eine bewußte Schärfe Ciceros, ja eine Herausforderung, wenn er der Stoa – zunächst ohne Namensnennung – vorwirft: »mentem hominis voluntate libera spoliatam *necessitate* fati devinciunt«.

Der Syllogismus, den Chrysipp anwendet, ist durchsichtig. Er wendet sich gegen die Epikureer, die eine ursachenlose Bewegung zulassen (vgl. IX 18) und folgerichtig auch den Satz vom Widerspruch aufgeben. An dieser Nahtstelle zwischen Physik und Logik setzt Chrysipp an: Der Satz vom ausgeschlossenen Dritten ist für ihn unverrückbar gültig. Er folgert aus ihm die Ursächlichkeit alles Geschehens und er identifiziert diese Ursächlichkeit mit dem Fatum: »omnia causis antegressis fiunt« = »omnia fato fiunt«.

Cicero zeigt sich entsetzt über diesen Schluß. Er nähme lieber den Schlag hin (›plaga‹ ist Anspielung auf den epikureischen Begriff πληγή), mit Epikur die Grundfesten der Logik preisgeben zu müssen, als die Willensfreiheit zu leugnen.

Daß der Satz vom Widerspruch, also doch die Logik, Achsenpunkt des Fatum-Problems bleibt, sehen Chrysipp und Epikur mit großer Klarheit. Epikur bringt dabei erstmals den

Ausdruck »verum *ex aeternitate*« in die Diskussion, der im folgenden oft wiederkehrt, bei Diodor jedoch fehlte. So ergibt sich in der epikureischen Kalkulation die Reihe:

> omne ἀξίωμα aut verum aut falsum –
> alterum utrum *ex aeternitate* verum –
> certum –
> necessarium –
> fatum.

Sie entspricht im Ergebnis genau der stoischen Überlegung:

> omnis enuntiatio aut vera aut falsa est –
> motus sine causa nullus –
> omnia fiunt causis antegressis –
> omnia fiunt ex causis *aeternis* rerum futurarum –
> omnia fato fiunt.

Auch hier wird nun die 'aeternitas' ins Spiel gebracht; die 'necessitas' hingegen (von Cicero IX 20 unterstellt) bleibt für den Stoiker fern, während bei Epikur nicht von den 'causae' die Rede ist.

ALIA VIDEAMUS Argumenta Stoicorum, quibus fatum probant. – SI EST MOTUS Ut appetitio et voluntas: nec contra Epicurum ista disseruntur, sed ad confirmationem fati. Disputat Alexander (Aphrodisiensis) (de anima 170,7-11): "Κίνησιν τινα ἀναίτιον εἶναι." – DIALECTICI Stoici. Eos enim 'dialecticos' vocabant.** CAUSIS FIUNT ANTEGRESSIS Antecedentibus; quas tollunt, qui suopte impulsu aliquando voluntatem moveri dicunt sine antecessione causae. Has causas προηγουμένας vocant et προκαταρκτικάς. – EPICURO Qui negat omnem enuntiationem veram aut falsam esse, ne fatum comprobare cogatur. Epicurus tamen hac in re non assentietur, sed, si condicio feratur, Epicurum sequi mallet quam fatum recipere. – EAM PLAGAM Nam hac plaga minus se laesum iri censet, quam si fatum comprobet: quod vulnus intolerabile et propemodum letale esset. – DISPUTATIONIS In ea aliquid dubium videtur controversum esse; alioqui id non tantopere disputaret Chrysippus. – TOLERABILIS Cum ex ea sequeretur eversio vitae et morum et voluntatis servitus. – ITAQUE CONTENDIT Quod argumentum est eam rem aliquid disputationis habere, cum in eo probando usque adeo vires suas experiatur. – VERETUR Quod tamen ei verendum non est, cum ex eo non sequatur fatum esse. – SIC CHRYSIPPUS Rem esse sibi factam putat, si doceat omnem enuntiationem veram aut falsam esse. Sequi enim ex eo censet fatum esse, cum id ex contradictionis vi, non rei natura certum sit.

22 und 23a (X 23)

Zwei Wege beschreitet Epikur, um dem Fatum zu entrinnen: Er gibt den Satz vom Widerspruch preis, und er räumt den Atomen (wie schon IX 18 angedeutet) einen Raum der Freiheit ein, das 'clinamen', von Cicero als »tertius quidam motus extra pondus et plagam« bezeichnet.

Gewicht (Schwerkraft) und Schlag (von außen erteilter Impuls) waren bei den Begründern der Atomistik, Leukipp und Demokrit, die bewegenden Kräfte für das Atom gewesen. Epikur räumt ihnen nun als 'dritte Bewegung' noch die 'declinatio' ein, die Bahnabweichung um ein Minimalintervall. Der Sache nach handelt es sich dabei um eine ursachenlose Bewegung (motus sine causa).

Demokrit hatte in seinem konsequent mechanistisch-materialistischen Weltbild auf diesen Raum der Freiheit verzichtet und die Determination (necessitate omnia fieri) in Kauf genommen. Epikur will nicht, daß die ebenfalls aus Atomen gebildete Seele (animus) ganz mechanistisch funktionieren muß (ita moveretur animus, ut atomorum motu cogeretur). Er sieht hierin eine Gefahr für die Freiheit der Person (nihil liberum nobis esset), letztlich ein naturwissenschaftlich berechenbares Fatum. Daher rührt der Gedanke der 'declinatio', der ihm von Cicero als Verletzung des Kausalprinzips angekreidet wird.

Es zeigt sich also, daß die Überlegung darauf hinzielen muß, den Satz vom Widerspruch und das Kausalprinzip zu halten, ohne die Zwangsläufigkeit des Fatums zugestehen zu

müssen. Damit greifen, wie in der Einleitung (I 1) angekün-
digt, Physik, Logik und Ethik eng ineinander.

SED EPICURUS Motum declinationis excogitavit Epicurus, ut voluntatis libertatem retineret, ne, si in pronum semper laberentur
atomi necessario et naturali motu, fato fierent omnia: nunc enim cum
incerto spatio et regione declinent, ex eo efficitur, ut, quandocumque
volumus, nobis omnis susceptio et animi inductio libera sit et volun-
taria. – TERTIUS QUIDAM MOTUS Tres atomis motus Epicurus,
ut Plutarchus scribit, tribuit: κατὰ στάθμην, id est ad lineam; alteram κατὰ παρέγκλισιν id est per declinationem; tertium κατὰ
πληγήν, id est ex plaga. Ad lineam moventur deorsum per inane profundum: per declinationem, cum minimum declinant, ut complexiones, copulationes et adhaesiones atomorum fiant; nam si omnes e regione moverentur, nulla alteram attingeret: ex plaga, cum propter
soliditatem ex conflictu resultant. Lucretius (r. n. 2,84):

> Aut gravitate sua ferri primordia rerum,
> aut ictu forte alterius, nam cum cita saepe
> obvia conflixere, fit, ut diversa repente
> dissiliant: neque enim mirum, durissima quae sint
> ponderibus solidis, neque quicquam a tergibus obstet. –

PONDUS Omne corpus Epicuro grave est deorsumque fertur, etiam
ignis. Lucretius (r. n. 2,181):

> Nullam rem posse sua vi
> corpoream sursum fieri sursumque meare;
> ne tibi dent in eo flammarum corpora fraudem. etc. –

MINIMO (Cicero, fin. 1,6,19): "Perpaulum, quo nihil posset fieri
minus." "Tantum quod momen mutatum dicere possis", Lucretius
dixit (r. n. 2,220). – Ita, ut opinor, speravit se vitaturum reprehen-
sionem Epicurus, si pusillam declinationem comminisceretur et
tamquam pro suo iure sumeret. Eaque causa fuit, cur eius verbum
poneret Cicero, et ut intellegeretur, quid minimum intervallum diceret. – SINE CAUSA Nam istam declinationem non efficit pondus; e
regione enim ferrentur: nec plaga; nondum enim conflixerunt atomi,
ut ex pulsu declinent. – NAM QUI POTEST PELLI Quo tandem
pacto ex plaga motus ille esse possit, cum atomi rectis lineis in prae-

ceps ferantur? - AD PERPENDICULUM Perpendiculum et linea
vocabula sunt architectorum, quae ab iis mathematici mutuantur. -
NUMQUAM DEPELLATUR Non depellantur, nec ab aliis declinare coguntur, si recta moventur, qui corporum motus est. - NE
CONTINGAT Contactus enim atomis propter earum soliditatem
depulsionem affert: nisi autem se contingant, nihil gignetur nullaeque
fient complexiones nullaque concilia rerum. Lucretius (r. n. 2,221).

> Quod nisi declinare solerent, omnia deorsum,
> imbris uti guttae, caderent per inane profundum:
> nec foret offensus natus, nec plaga creata
> principiis: ita nil unquam natura creasset.

HANC EPICURUS RATIONEM Hanc declinationem atomorum. - GRAVITATE Pondere. - NIHIL LIBERUM Lucretius (r. n.
2,251 sqq.):

> Denique si semper motus conectitur omnis
> et vetere exoritur semper novus ordine certo
> nec declinando faciunt primordia motus
> principium quoddam, quod fati foedera rumpat,
> ex infinito ne causam causa sequatur,
> libera per terras unde haec animantibus exstat,
> unde est haec, inquam, fatis avulsa voluntas,
> per quam progredimur, quo ducit quemque voluptas? -

HINC DEMOCRITUS Laertius atomorum auctorem Leucippum
fuisse praedicat (9,30); Cicero hoc loco Democritum dicit, cuius imi-
tator fuerit Epicurus. - ACCIPERE Admittere et subire.** - NE-
CESSITATE Fato.

23b (XI 23)

Zuvor (XI 19) hat Cicero Epikur einen guten Rat gegeben,
wie er die Preisgabe des Satzes vom Widerspruch vermeiden
könnte; nun hilft Karneades (214-129; Schulhaupt der Neueren Akademie) den Epikureern über die ursachenlose Bewegung hinweg.

Sein Rat: es wäre besser, die willentliche Selbstbewegung
der Seele direkt zu verteidigen als auf dem fragwürdigen Um-
weg über die Bahnabweichung der Atome (sine hac commenticia declinatione). Die Epikureer konnten ihm darin nicht
folgen, sie hätten denn ihr ganzes System aufgegeben.

Karneades bringt nun in seiner Überlegung die entscheidende Einschränkung der Kausalität: Jede mechanische Bewegung bedarf der Ursache. Die Seele aber ist von grund-
sätzlich anderer Natur: auf den Willen haben von *außen*
wirkende Ursachen keinen zwingenden Einfluß: »voluntatis
nostrae non esse causas externas et antecedentis«, worin »voluntatis« nicht prädikativ zu verstehen ist (voluntatis esse),
sondern attributiv (voluntatis causae). Damit ergibt sich eine
neue Einteilung der ›causae‹, mit der V 9 und IX 19 zu ver-
gleichen ist:

	causae externae	*(causae internae)*	
XI 23		voluntatis nostrae	nullus motus sine causa
		non sunt causae	
	causae antecedentes –	externae et antecedentes.	
V 9		*non* etiam nostrarum vo-	
		luntatum atque adpetitio-	
		num sunt	
	causae naturales et	causae naturales et	
	antecedentes –	antecedentes.	

Den Ausdruck ›causae internae‹ verwendet Cicero nirgends;
er ist hier nur sinngemäß ergänzt. Die vorliegende Argumentation verwendet für den seelischen Bereich nur negative Formulierungen, die positiven folgen XI 25.

ACUTIUS Multo subtilius Carneades pro Epicuro respondebat Stoicis. Docebat enim motum esse posse quendam voluntarium a se or-
tum, cuius antegressae et externae causae nullae essent. – SUAM
CAUSAM Quae fatum tollit et libertatem voluntatis constituit. –
MOTUM VOLUNTARIUM Qui a voluntatis impulsione et propo-
sitione esset. – ANTECEDENTIBUS Antegressis, quae externae
sunt, sed voluntariis et internis.

24

Es geht um eine Abgrenzung der ungenauen Umgangssprache gegenüber der präzisen wissenschaftlichen Ausdrucksweise. Bezüglich der Seele wird ausdrücklich festgestellt, daß auch sie sich nicht ursachenlos bewege (non omnino sine causa), daß diese Ursachen aber nicht von außen auf sie wirken (sine antecedente et externa causa).

COMMUNI IGITUR Quando libero impulsu aliquid susceptum est sine antegressa causa, 'sine causa' aliquid quempiam velle dicimus: quod tamen falsum est, ut similitudine declaratur. – UT PHYSICI Illi, qui vacuum in rerum natura esse nihil censent, sed omnia conferta et plena; nam Epicurus contra: inane ponit. – DE IPSA ATOMO Quod item de atomis ab Epicureis dici posset, eas antecedentibus causis non moveri, sed suis et internis, ut pondere et gravitate.

25

Auf die Verfeinerung der Terminologie folgt die Anwendung auf das Atom und die Seele.

Die Atombewegung läßt sich nun so definieren, daß sie »nulla causa extrinsecus accedente«, somit also nur in umgangssprachlicher Ausdrucksweise ursachenlos erfolge. Die *Natur* des Atoms selbst ist die *Ursache* der Atombewegung. Die Bewegung der Seele läßt sich analog erklären. So in Ciceros Darstellung. In Wirklichkeit ist die Seele das Modell, das Atom ein Analogon. Die Gegenüberstellung kann das verdeutlichen: (siehe nächste Seite)

Textkritisch ist hier umstritten »ne omnes a physicis inrideamur«. Da alle guten Hss »omnes« und »inrideamur« haben, wurde die (erst in den jüngeren Hss auftretende) Fassung »a physicis« einer weitergehenden Textänderung vorgezogen.

atomus	*animus*
De ipsa atomo dici potest, cum per inane moveatur gravitate et pondere, 'sine causa' moveri, quia *nulla causa accedat extrinsecus* ...	Similiter ad animorum motus voluntarios *non est requirenda externa causa.*
Ipsius individui hanc esse *naturam*, ut pondere et gravitate moveatur,	Motus enim voluntarius eam *naturam* in se ipse continet, ut sit in nostra potestate ...; nec id 'sine causa' eius rei enim *causa* ipsa natura est.
eamque (sc. naturam) esse *causam*, cur ita feratur.	

RURSUS AUTEM Ut causa est, cur individuum, id est atomus, feratur deorsum, gravitas: ita motus animorum causa fuerit voluntas, non externa causa. Motus autem voluntatis causa est ὁρμή, id est appetitus, et ratio. – SINE CAUSA Plutarchus Stoicorum argumentum esse dicit ad confirmationem fati (de fato 574 e 5): "τὸ μηδὲν ἀναιτίως γίγνεσθαι, ἀλλὰ κατὰ προηγουμένας αἰτίας". Illud 'sine causa', quod posuerat, mutat, ne in physicorum irrisionem incidat, qui nullo modo ferre poterant quicquam sine causa fieri dici: atque ut in atomi motu negat extrinsecus quaerendam causam, ita quoque in appetitionibus negat esse quaerendas antegressiones causarum.

26a (XI 26)

Die Befreiung der Bewegung der Atome und der Seelen-Atome aus dem Zwang der ›causae externae‹ ist mit Hilfe des natura-Begriffs der Neueren Akademie ohne Verletzung des Kausalprinzips geglückt. Nun bleibt als zweite Aufgabe: Den Satz vom Widerspruch zu halten, ohne das Fatum zugestehen zu müssen.

Hier leistet Chrysipp noch entschiedenen Widerstand, oder richtiger: Cicero läßt ihn Widerstand leisten. Sein Argument ist im Kerne wieder das alte: »Ursächlichkeit ist gleich Fatum.« Mit der Formulierung »futura vera ...« gerät er in die Nähe Diodorischer Argumentation. Es ist aber wohl zu beobachten, daß Diodor nie von Kausalität gesprochen hat; daran sind Diodor und Chrysipp auseinanderzuhalten. Andererseits taucht aber hier in der Argumentation Chrysipps das Wort ›necesse‹ auf, womit er wieder an Diodor herangerückt scheint. Es ist jedoch nicht von einer Notwendigkeit aller künftigen Ereignisse die Rede, sondern nur von der Notwendigkeit, daß sie ursächlich bedingt sind. Das ist etwas anderes als ›necesse‹ bei Diodor (z.B. VII 13: quicquid futurum sit, id dicit fieri necesse): es dient als nichtterminologischer unpersönlicher Ausdruck.

QUOD CUM ITA SIT Verum et falsum in enuntiatis nihil adfert causae, cur fatum sit. Fatum enim non fuerit sine necessariis causis: at ut verum et falsum sit, efficere possunt causae fortuitae et voluntariae. Hic igitur argumentatio Chrysippi repetitur et diluitur. – FUTURA, INQUIT Chrysippus. – QUAE CAUSAS At causas habere possunt fortuitas et voluntarias, non ex aeternitate satas: sic enim respondetur Chrysippo.

26b (XII 26) und 27

Cicero gibt sich empört, ja bereit, die Verhandlung mit seinem fiktiven Gesprächspartner abzubrechen – eines der Mittel, den Monolog zu dramatisieren.

Tatsächlich ist die Beweisführung noch einmal weit zurückgeworfen; denn die Antwort Chrysipps in XI 26 ging nicht genau auf die Fragestellung ein, sondern griff noch einmal das Problem der Ursachenlosigkeit auf. Man erkennt daraus, daß Cicero in XI 23–25 nur die Epikureer allein für abgewehrt betrachtet.

So greift er wieder zurück auf IX 19–20. Er bringt trotz neuer Beispiele und neuer Formulierungen im Grunde die beiden gleichen, jetzt aber auf die Stoa abgestellten Argumente:

1. Das Operieren mit der Diodorischen Dialektik ist nur ein
   Spiel mit Worten (verborum vim interpretantur), das nicht
   an das Fatum-Problem heranreicht, und
2. es gibt nicht nur *eine* Art von Ursachen: neben den ›causae
   inmutabiles‹ stehen die ›causae fortuito antegressae‹ (XII
   28).

CONFECTUM NEGOTIUM** Ductus est sermo ab hominum
pactionibus et negotiis. – SINE CAUSA Quod tibi concedetur.
Nam ut fiat sine causis ex aeternitate naturae manantibus, non fiet tamen sine causis fortuito antegressis.
CAUSAM CAUSA SERENS Ex eo causarum series dicitur fatum,
id est εἱρμὸς αἰτιῶν. – SEXCENTIS Pro infinitis et innumeris 'sex-
centa' Latini dicere solent. – SI TUM NON ESSET Cum esset nondum capta. – NE ILLA QUIDEM EVERSA Sic locum restitui ex
libris scriptis. Sententia est: "ne capta quidem urbe vera fuerit enuntiatio 'Capiet Scipio Numantiam': non enim id iam futurum, sed
praeteritum erit". – POTEST IGITUR Si ex vero in falsum futura
mutari possunt, posset aliquid factum esse, quod falsum fuerit futurum esse. Hic enim Cicero ex Diodori sententia Chrysippo respon-
det, et sine fato docet futura immutabilia esse posse. Locum per
interrogationem lego. – INSTANTIA praesentia. Cicero (= or.
2,25,105): "Genus causae ex controversia facti vel ex futuri vel ex in-
stantis." – CONSEQUENTI Futuro, sequenti.

28a

Auch Zufallsursachen können Ereignisse herbeiführen, die – bei
zeitloser Betrachtung – vor und nach ihrem Eintreten in gleicher
Weise unabänderlich sind. Es ist im wesentlichen das gleiche Ergebnis wie IX 19–20. Neu ist aber die energische Rückwendung
zur eigentlichen Fragestellung in XI 26 (Wie lassen sich Satz
vom Widerspruch und Fatum miteinander vereinbaren?) mit
den Worten: »Etenim erit confiteri necesse, sic hoc enuntiatum … verum non est, sequitur, ut falsum sit.« Überraschen-
derweise bleibt aber dieser neue Ansatz zunächst ungenutzt, da
erneut die Epikureer (isti) in die Quere kommen.

CAUSAS IMMUTABILES: Ut vult Chrysippus. Immutabiles autem causae fatales sunt et necessariae. – ET TAMEN TAM EST IMMUTABILE Quae sententia est Diodori. – HORTENSIUS Qui Cicerone haec condente iam mortuus erat. Habebat autem in agro Tusculano villam Hortensius. – VERUM NON EST Id est: vera non est. Inconsequens prope oratio ex consuetudine dialecticorum disputantium. – QUORUM ISTI NEUTRUM Epicurei, qui huiusmodi enuntiationes nec veras nec falsas esse dicunt, ut dicet infra (XVI 37) Cicero.

28b und 29

Der ›faule Beweis‹ ist ein typischer Ausdruck des *Fatalismus*. Es fragt sich, was er an dieser Stelle soll. Es scheint sich ja auf den ersten Blick um ein Einschiebsel zu handeln, das den Verdacht nahelegen könnte, hier sei die Textabfolge gestört.

Dem ist aber nicht so. Die Verknüpfung »Nec nos inpediet illa ignava ratio …« meint: »In der Ansicht, daß der Satz vom Widerspruch und die Ablehnung des Fatums sich nicht ausschließen, lasse ich mich nicht irremachen.« Fürs erste ist freilich nur vom Fatum die Rede, dem man nicht entrinnen kann, und nicht vom Satz des Widerspruchs. Es folgt aber gleich die erforderliche Transposition in die Terminologie Diodors:

XII 28	XIII 29
Si *fatum tibi* est ex hoc morbo convalescere sive tu medicum adhibueris sive non adhibueris, convalesces; item, si *fatum tibi* est …	Si *ex aeternitate verum hoc* fuit: ex isto morbo convalesces, sive adhibueris medicum sive non adhibueris, convalesces; itemque, si *ex aeternitate falsum hoc* fuit …

Leider ist der wichtige Schluß der zweiten Fassung nur mit »deinde cetera« angedeutet. Er müßte in Entsprechung zur ersten Fassung (und zu X 21) lauten: »et alterum utrum ex aeternitate verum est: medicum ergo adhibere nihil attinet«.

Diese Radikalisierung der Fatumgläubigkeit, die sich mit
dem Satz vom ausgeschlossenen Dritten vertrüge, ruft nun
doch Chrysipp auf den Plan, um Einhalt zu gebieten. Die zunächst schwach angeknüpfte Partie entpuppt sich somit ihrer
Funktion nach als Herausforderung, der Chrysipp begegnen
muß.

NEC NOS IMPEDIET Si in futuris immutabilitatem Diodoream
statuamus, non impediet nos ignava ratio, ut eos impedit, qui fatum
ponunt: nam in dissolvenda valde laborant. Nec haec ratio fatum
confirmabat, sed ex fato ducebatur hoc incommodum et hinc fatum
subvertebatur: proinde sequitur "Carneades premebat alio modo" –
ἈΡΓΟΣ ΛΟΓΟΣ Λόγος Stoicis ratiocinatio est et syllogismus, ut
ex Diogene Laertio perspici potest. Haec ratio 'ignava' dicitur, quia,
si ei pareamus, nihil in vita agemus. His autem ratiocinationibus sic
nomina imponebant ex re et argumento λόγος ἐγκεκαλυμμένος,
λόγος θερίζων, λόγος ψευδόμενος. – Ignavae rationis meminit
Plutarchus (de fato p. 574[e 1]) Attigit et Plato in Menone (81 d 5). –
INTERROGANT Nam interrogat is, cui respondendum est, ut respondendum est ista ratiocinanti. – SI FATUM TIBI EST Captionem esse censet Plutarchus et σόφισμα appellat (1. c.). – ET
ALTERUTRUM EST FATUM Id est: fato decretum, fixum et ra-
tum. Nam fatum hoc loco ita dictum esse videtur, ut sit tamquam fatale.
QUOD EADEM RATIONE Quia, quod in morbo dictum est, licet
in omni re gerenda eodem modo enunties: ex quo tolletur omnis actio. – HAEC RATIO A CHRYSIPPO Chrysippus etsi fatum affir-
mabat, tamen et id, quod fieri potest, et consilium et deliberationem
et actiones et officia retinebat, ut docet Alexander (Aphrodisiensis). Is
igitur rationi ignavae, quae ad eversionem fati obiciebatur, respondebat.

30

Die ›ignava ratio‹ bedeutet eine extreme Konsequenz des
Junktims zwischen Fatum und Satz vom Widerspruch.
Chrysipp, der bisher eine Neigung bekundete, sich nicht von
seinen Ausgangspositionen wegzubewegen, kann nun nicht

anders – jedenfalls in der Vortragsgestaltung Ciceros – als sich
auf das Feld der Diskussion begeben.

Er entlarvt die ›ignava ratio‹ als einen Trugschluß, indem er
die Bezeichnung ›confatalis‹ (συνειμαρμένος) einführt für
alle Fatumsfälle, die auf einer Partnerschaft zweier Menschen
(Ehegatten – Arzt und Patient) beruhen.

SIMPLICIA In quibusdam simplex esse fatum ponit Chrysippus: in
aliis tamquam duplex et copulatum, ut utrumque confatale sit. Ita
ignavam captionem solvit. – SIVE FUERIT LAIUS "Esse cum muliere" honeste et verecunde dicebant Romani pro "cum muliere rem
habuisse". Auctor Varro. – SIC ENIM APPELLAT Συνειμαρμένον
Chrysippus dixit, quod 'confatale' Cicero vertit. Hoc vocabulum
apud Plutarchum extat in libello De fato (569). – CUM UXORE Io-
casta, quam tamen Homerus "Epicasten" vocat. Responderat autem
Apollo Laio ipsum interfectum iri ab eo, quem procreasset. Oracu-
lum est apud Euripidem (Phoen. 19):

Εἰ γὰρ τεκνώσεις παῖδ', ἀποκτενεῖ σ' ὁ φύς.

MILO Crotoniates. – REFERRET Redderet, responderet. – RE-
PELLUNTUR Quod in eis quiddam copulatum ait et confatale, ut
censet Chrysippus.

31

Schon einmal (XI 23) ließ Cicero Karneades in die Auseinandersetzung eingreifen. Er brachte dort einen Vorschlag, der
geeignet war, die Epikureer zufriedenzustellen. Nun soll er
ein Gleiches gegenüber den Stoikern erreichen.

Die Anknüpfung mit »genus hoc totum« bezieht sich nicht
auf die ›ignava ratio‹ allein, sondern greift zurück bis XI 26.
Dort hatte die Auseinandersetzung mit der Stoa erneut begonnen, mit der Frage: Kann man den Satz vom Widerspruch des Fatum voneinander trennen?

Der Syllogismus des Karneades kommt in der Form der

stoischen Argumentationsgepflogenheit entgegen (vgl. z.B.
X 20), operiert aber mit einem ganz anderen Argument (alio
modo): Es ist die schon aus V 9, VI 11, XI 25 bekannte
Grundvoraussetzung von der Eigenständigkeit des seelischen Bereichs: »Est autem aliquid in nostra potestate.«

Im einzelnen ist der Schluß so geführt, daß zwischen die
stoische Gleichsetzung von Kausalität und Fatum die Nezessität eingeschaltet wird, die Chrysipp nicht einfügte (vgl.
dazu schon IX 20). Das so gefundene Ergebnis »nihil est in
nostra potestate« wird nun als a priori falsch bezeichnet,
was zur Folge hat, daß auch die Vordersätze hinfällig werden. (Es ist das seit dem Eleaten Zenon übliche Gegenbe-
weisverfahren.) Nun geht es aber dem Vertreter der skep-
tischen Akademie kaum darum, zu zeigen, daß dem »omnia
antecedentibus causis fiunt« ein »nihil antecedentibus causis
fit« entgegengesetzt wird (was sich ohnehin nicht halten
ließe), sondern er will die Durchlöcherung des Totalitäts-
anspruchs. Dem »omnia« steht das »aliquid« gegenüber.
Daher ist zu verstehen: »Nicht alles geschieht durch das
Fatum«, nicht aber: »Alles geschieht nicht durch das Fatum«.

CARNEADES GENUS Carneades instituto novorum Academicorum in Stoicos disputabat: sed in oppugnatione fati non probabat
ignavam rationem et Stoicos alio argumento premebat. – ADHIBE-
BAT CALUMNIAM Nam captio et calumnia inest in ratione
ignava. – CONCLUSIO Argumentatio. – ANTECEDENTIBUS
Προηγουμέναις αἰτίαις. – CONSERTE CONTEXTEQUE Naturalis quaedam est causarum series et colligatio. – IN NOSTRA
POTESTATE Quod ἐφ' ἡμῖν dicunt.

32a

Wie in XII 29–XIII 29 wird auch hier versucht, den Syllogismus des Karneades in die Terminologie der Dialektiker zu
übersetzen:

| Si omnia *antecedentibus causis* fiunt, | Si omne futurum *ex aeternitate verum* est, ut ita *certe* eveniat, quemadmodum sit futurum, |
| omnia naturali conligatione conserte contexteque fiunt; quod si ita est, omnia necessitas efficit … | omnia *necesse* est conligatione naturali conserte contexteque fieri. |

Man beobachtet wieder die Umsetzung ins Futur (sit futurum), sowie die Zwischenschaltung von »certe« (und »necesse«, vgl. X 21: verum – certum – necessarium). Und dennoch ist die Umformung hier unzulässig. Diodor wäre es nie eingefallen, eine Verknüpfung zwischen der logischen Richtigkeit eines Urteils und dem Kausalnexus herzustellen. Das hatte Cicero die Möglichkeit gegeben, ihn (IX 20) als ungefährlich aus der Diskussion zu entlassen. Hier macht er mit dem Satz »Multum enim differt …« auf die Unzulässigkeit der Gleichsetzung aufmerksam.

Der Ausdruck »sine aeternitate naturali« ist sprachlich kühn und erklärt sich als (in der Eile unterlaufene) Verkürzung von »sine causa naturali ex aeternitate«.

HOC ARCTIUS Haec ratio et conclusio firmissima est. Ductum a fascibus, qui vinculis astringuntur. – REFERRE In nos reicere et retorquere, qui fatum negamus: et tamen immutabilitatem in futuris dicimus ex Diodori sententia. – NIHIL DICAT Non enim partium necessaria fuerit colligatio et series causarum, si omne futurum ex aeternitate verum sit, cum sine causis necessariis et antegressis verum esse possit. – NATURALIS Ut vult Chrysippus, Diodoreis repugnantibus.

32b und 33a (XIV 33)

Es folgt die Anwendung des Ergebnisses auf das System der Mantik, gegen die Cicero schon in *De divinatione II* Stellung

bezogen hat. Hier läßt er Karneades sprechen. Er erklärt, daß
es Aussagen über Geschehnisse nur dort geben könne, wo sich
in der Naturordnung verankerte Ursachen feststellen lassen
(causis in rerum natura praepositis = antegressis). Ganz im
Sinne der Megarischen Dialektik macht er dabei keinen Unterschied zwischen zukünftigen und vergangenen Ereignissen.

Der entscheidende Satz lautet: »Erat hoc quidem verum ex
aeternitate, sed causas id efficientis non habebat.« Er bildet die
Verknüpfung zu XIV 32: »Multum enim differt, utrum causa
naturalis ex aeternitate futura vera efficiat an etiam sine aeternitate naturali, futurae quae sint, ea vera esse possint intellegi.«

ITAQUE DICEBAT Diodori sententia περὶ δυνατῶν adversus
Stoicos utebantur Academici, ut vera ex aeternitate futura essent, sine
naturalium causarum antecessione: ac proinde Carneades divinationem esse negabat posse, etsi immutabilitas in futurorum veritate esset, nisi in iis, quae naturalibus et necessariis causis continerentur. –
MARCELLUMEUM Cicero (div. 2,5,14): "Ut si quis M. Marcellum
illum, qui ter consul fuit, multis annis ante dixisset naufragio esse periturum, divinasset profecto." Et in Pisonem (19,44): "M. Marcellus,
qui ter consul fuit, summa virtute, pietate, gloria militari, periit in
mari." Fuit autem, ut Asconius (Pedianus) ait, nepos illius Marcelli,
qui Syracusas cepit. Is naufragio ad Africam periit paulo ante tertium
Punicum bellum. – EX AETERNITATE Ex infinito et aeterno tempore. – VESTIGIA In quibus admonitio esset praeteriti. – QUO MI-
NUS FUTURA Apollini nota esse, cui ne praeterita quidem nota
sint. – POSSE DENIQUE Posse tum demum.

33b (XV 33)

Auf Grund ihres Systems können die Stoiker nicht anders als
die Mantik verteidigen, während die Megariker diesem Zwang
nicht unterliegen. Auch in dieser Auswirkung zeigt sich also
die Bedenklichkeit einer starren Verknüpfung der Kausalität
mit dem Satz vom Widerspruch, und es bestätigt sich die Unzulässigkeit der in XIV 32 versuchten Transposition.

QUOCIRCA Colligit omnia esse expeditiora et liberiora Diodoreis quam Stoicis et eorum sententias valde discrepantes esse: quas tamen quispiam fortasse easdem falso esse putaret, et nonnulli Stoici clamabant. Non enim necesse est Diodoro divinationem et oracula approbare: necesse est Stoicis, si sibi constare velint. – IIS AUTEM Diodoteis. – HI ENIM Stoici. – ILLORUM Diodoreorum, qui sine causarum antecessione futura ex aeterno tempore vera esse dicunt.

34 a

Bis IX 19 hatte der Ausdruck ›causae aeternae‹ (entsprechend X 21 zuerst ›ex aeternitate verum‹) keine Rolle gespielt. Er war erst in der Auseinandersetzung mit Epikur in die Diskussion gebracht worden. Nun geht es darum, ihn wieder loszuwerden. Es soll also die ›Ursache‹ aus ihrer Verflechtung in einen durch alle Ewigkeit reichenden und wirkenden Kausalnexus gelöst werden.

So kommt es – verhältnismäßig spät in dieser Darlegung – zu einer Begriffserklärung: Was ist ›causa‹? Die Formel lautet:

> Causa ea est,
> quae id *efficit*,
> cuius est causa.

Es genügt also nicht der Ausdruck ›causa antecedens‹, sondern es kommt auf das ›efficere‹ an, so daß man korrekt formulieren muß: ›causa efficienter antecedens‹. An Beispielen wird dies veranschaulicht.

QUOD SI CONCEDATUR Antea negavit omnis motus causas esse antecedentes, unde fatum Stoici argumentabantur: nunc hoc concesso negat tamen sequi fatum esse. – ES AETERNIS CAUSIS APTA Ex causis in rerum natura, quae aeterna est, positis profecta. Nam huiusmodi causae vi sua certe efficiunt, quod sub eis subiectum est, ut ignis accendit. – CAUSA AUTEM EST Quae efficienter rei cuique antecedit. Itaque adiumenta, praecursiones, materiam, ferra-

menta (cf. Cicero, Top, 15,59), sine quibus aliquid effici nequit, in causis hic non numerat.

34 b und 35

Die abstrakte Formel wird nun durch Beispiele verdeutlicht.
Das Enniuszitat stammt aus dem Eingang der Medeatragö-
die, geht also letztlich auf Euripides zurück. Sprecherin ist die
Amme der Medea, Cicero hat dieses Zitat mehrfach verwendet, schon in *De inventione* 1,19,91; dann in *De finibus* 1,2,5;
auch in der *Rede pro Caelio* 8,18. Sie wurde zu einem Topos
für den Regressus ad infinitum (vgl. z. B. Quintilian, inst. or.
5,10,84). Cicero bringt den gleichen Gedankengang mit dem
Enniuszitat im übrigen noch einmal in den *Topica* (16,61; be-
ginnend 16,58 mit: »Proximus est locus rerum efficientium,
quae 'causae'appellantur.« – Endigend mit 18,67).
    Die letzte Zeile hat keinen einwandfreien Zusammenhang
mit dem vorangehenden Zitat. Es kann sich aber nur um eine
sehr kurze Lücke handeln, da »amoris« auf »more« zurück-
deutet. Der fragliche Satz weist abschließend die Zulässigkeit
eines so weiten Rückgriffs in die Vergangenheit zurück. Es
könnte hierher passen, was Cicero in den *Topica* 14,59 bringt:
»Amori congressio causam adtulerat, amor flagitio. Ex hoc
genere causarum ex aeternitate pendentium fatum a Stoicis
nectitur.«

IN CAMPUM Martium, ubi se iuventus Romana exercebat.** –
QUOD ALEXANDRUM Qui rapta Helena Troiae exidii causa
fuit. – CLYTAEMNESTRAM Quae Agamemnonem maritum inter-
fecit. – EX HOC GENERE Ex eo genere rerum, sine quibus effici
non potest. Locus est ex Ennii Medea. – REGREDI INFINITE In
infinitum retroire.

36 a

Nach der Veranschaulichung durch Beispiele kehrt Cicero
zur Definition der ›causae‹ zurück. Er hat noch eine (akade-

mische?) Unterscheidung nachzutragen, die auch die Stroiker gelten lassen:

Interesse autem aiunt,

utrum	eiusmodi quid sit, *sine quo* effici aliquid *non* possit.	an	eiusmodi (quid), *cum quo* effici aliquid necesse sit.
	Nec id, *sine quo* quippiam *non* fit, causa est, …	…	sed id, quod, *cum accessit*, id cuius est causa, efficit necessario, (causa est).

Nur wenn die Bestimmung zutrifft, »*cum quo* efficitur aliquid necessario«, handelt es sich um eine wirkliche Ursache. Der mitten in den Definitionsgang eingelagerte Satz (Nulla igitur earum est causa …) weist auf die vorher behandelten Beispiele zurück.

INTERESSE Etiam Stoici, ut proinde ex eorum sententia aliquid antecedere possit, quod causa non sit.

36b und 37

Nun muß die Nutzanwendung aus der Definition (in XV 34–XVI 36) kommen. Wenn Cicero also schreibt »quae ›causa‹ in rerum natura continebatur?«, so ist ›causa‹ jetzt im Sinne der Definition zu verstehen als »eiusmodi quid, *cum quo* effici aliquid necesse est«. Die Frage ist rhetorisch und schließt dem Sinne nach eine Verneinung in sich: »Es gab keine solche Ursache! Sie wurde erst ex eventu sichtbar oder hinzuinterpretiert.« Der Satz »Ratio igitur eventus aperit causam« schließt die Diskussion hierüber.

Während die (von den Stoikern vertretene) Kausalität als widerlegt betrachtet wird, bleibt die dialektische Richtigkeit

der Aussage »Relinquetur in insula Philoctetes« unangefoch-
ten. Es wiederholt sich also hier die Argumentation von IX 9
und XII 28 (»et tamen tam est inmutabile venturum, cum est
verum, quam venisse«). Genau an dieser Stelle war auch die
Auseinandersetzung mit den Epikureern hinsichtlich der Ablehnung des Satzes vom Widerspruch unterbrochen worden
(»Quorum isti neutrum volunt; quod fieri non potest«), und
hier knüpft unsere Stelle wieder an. Sie zielt an sich noch
nicht auf die Epikureer, sondern will den Stoikern endgültig
klarmachen, daß es keine notwendige Verbindung zwischen
dem Satz vom Widerspruch und dem Fatum gebe. Und das
lenkt nun zurück auf Epikur, der, um dem Fatum zu entgehen, den Satz vom Widerspruch opferte.

Man kann sich diese Position in Kurzform wie folgt verdeutlichen:

	1. Fatum	2. Kausalprinzip	3. Satz vom Widerspruch	4. Koppelung von 2 u. 3
Chrysipp	ja	uneinge-schränkt	ja	ja
Epikur	nein	durchbrochen	nein	(ja)
Cicero	nein	eingeschränkt	ja	nein

Zu den disjunktiven Urteilen vermerkt Gellius (N.A.
16,8,12): »Est item aliud, quod Graeci διεζευγμένον
ἀξίωμα, nos disiunctum dicimus. Id huiuscemodi est: ›aut
malum est voluptas aut bonum, aut neque bonum neque malum est‹. Omnia autem, quae disinguntur, pugnantia esse inter sese oportet, eorumque opposita, quae ἀντικείμενα
Graeci dicunt, ea quoque ipsa inter se adversa esse. Ex omnibus, quae disiunguntur, unum esse verum debet, falsa cetera.«
Epikur lehnt den letzten Satz ab. Vgl. dazu Cicero (Ac.
2,30,97 und) ND 1,25,70: »Idem facit (Epicurus) contra dialecticos; a quibus cum traditum sit in omnibus diiunctionibus,
in quibus ›aut etiam aut non‹ poneretur, alterum utrum esse
verum, pertimuit, ne, si concessum esset huiusmodi aliquid

›aut vivet cras aut non vivet Epicurus‹, alterutrum fieret necessarium: totum hoc ›aut etiam aut non‹ negavit esse necessarium; quo quid dici potuit obtusius?«

SERPENTIS Alii a serpente ulceratum Philoctetem scribunt: alii cecidisse in eius pedem sagittam hydrae cruore imbutam. – POST AUTEM Posteaquam Lemnum venit in expeditione belli Troiani. – RATIO IGITUR Scimus enim, cur in Lemno relictus sit, ex eventu. – NECESSE EST ENIM In contradictione disiunctionum necessitas est: proinde pars altera vera, altera falsa est. Ea ratio erat Diodori. – AIT QUID Affirmat. – TALES ENUNTIATIONES Quae de futuro aliquid dicunt, quod fieri possit aut non possit, ut "Sauciabitur Philoctetes". Nam cum Epicurus omnem enuntiationem veram aut falsam esse negabat, id potissimum de his intellegebat. – EX CONTRARIIS "Sauciabitur aut non sauciabitur Philoctetes" verum dicebant; nec tamen "Sauciabitur" verum; nec "Non sauciabitur" falsum.

38

Cicero zeigt sich entrüstet über die Ablehnung des Satzes vom Widerspruch durch die Epikureer. So weit ist er mit Chrysipp einig. Es kommt ihm nur darauf an, die von den Stoikern vertretene Koppelung des Satzes vom Widerspruch an das (für den Stoiker) mit der Kausalität identische Fatum zu zertrennen. »Ex aeternitate verum« ist also etwas anderes als »nexum causis aeternis«. Damit ist die XI 26 gestellte Frage beantwortet: »Quid est, cur non omnis pronuntiatio aut vera aut falsa sit, nisi concesserimus fato fieri, quaecumque fiant?« Der Ausdruck ›causae aeternae‹ und das Wort ›aeternitas‹ wird im weiteren nicht mehr vorkommen.

IN ELOQUENDO In enuntiando. – NEC VERUM NEC FALSUM In Epicureos argumentatur, qui ista enuntiata nec vera nec falsa dicebant. Nam quod nec verum nec falsum est, verum non est: quod verum non est, id falsum est. – TENEBITUR Non negabimus, ut Epicurei, sed defendemus ex Diodori sententia omnem enuntiationem veram aut falsam esse: nec ex eo tamen sequi fatum esse, quamvis vera sint ex aeternitate. Non enim erunt ea ex aeternis apta et nexa causis, quae fati necessitatem habeant.

39

Ein neuer Hauptteil wird eröffnet. Die Auseinandersetzung um die Sympathielehre (III 5–V 11) und den Satz vom Widerspruch (VI 11 – XVI 38) ist beendet. Nun wird dargestellt, was Chrysipp unter ›fatum‹ bei genauem Zusehen versteht. Bis jetzt war es identisch mit einem keine Ausnahmen zulassenden Kausalprinzip. Nur einmal (V 9) hatte Cicero, wohl aus Versehen, mit dem Ausdruck ›principalibus causis‹ auf die nun folgende Begriffsaufspaltung vorausgedeutet.

Man erfährt nun, daß Chrysipp zwischen den Verfechtern des Fatums und dessen Gegnern eine Mittelstellung bezogen hat, von der aus er mehr zu den Verteidigern der Willensfreiheit neigt, wiewohl seine Terminologie das Gegenteil zu beweisen scheint.

Es überrascht, daß Aristoteles* hier zu den Gegnern der Willensfreiheit gerechnet wird, wo er doch in seiner *Nikomachischen Ethik* schreibt: "Πράξεως ἀρχὴ προαίρεσις" (1139a31). Sichtlich beruht die Aristoteles-Kenntnis Ciceros oder seiner Quelle auf anderen Schriften als den uns überlieferten. M. Paolillo (S. 77) verweist hierzu auf Bignone, Aristotele perduto I 162; II 384 und W. Jaeger, Aristoteles. Immerhin berichtet Theodoret (Therap. 6, p. 86): "τῇ τῆς εἱμαρμένης ἀνάγκῃ παραδεδωκέναι (Ἀριστοτέλη) τὴν τῶν μετὰ Σελήνην ἐπιτροπείαν" (Davies zur Stelle).

AC MIHI QUIDEM VIDETUR Duae veterum sententiae fuerunt: una eorum, qui fato fieri omnia censebant: altera eorum, qui neque fatum ponebant et voluntarios animi motus esse dicebant. Chrysippus et fatum probavit et voluntatis libertatem retinuit. – ID FATUM

---

* Karsten (bei Diels-Kranz, VS II 68 A 66) konjiziert statt ›Aristoteles‹ den Namen ›Anaxagoras‹. Er gerät damit in Widerspruch zu VS II 59 A 66.

Nam Chrysippus in fato vim necessitatis non ponit, cum aliquid in nostra potestate relinquit. – ARISTOTELES In Acroamaticis semper fatum oppugnat Aristoteles et eius interpres Alexander (Aphrodisiensis): sed in Exotericis, ut opinor, etiam fatum posuerat, velut in libro de mundo (401 b 8). Eam enim Peripateticorum et Academicorum, qui iidem erant, sententiam fuisse sic (Cicero) scribit (Ac. 1,7,29): "Quam (vim) interdum eandem necessitatem appellant, quia nihil aliter possit, atque ab ea constitutum sit, evenire, quasi fatalem et immutabilem continuationem ordinis sempiterni: nonnumquam quidem eadem fortunam, quod efficiat multa improvisa haec nec opinata nobis propter obscuritatem ignorationemque causarum." – CHRYSIPPUS TAMQUAM Eam sententiam ferre Chrysippus videtur et ita rem disceptare, ut et fato omnia fiant et aliquid sit in nostra potestate. – HONORARIUS ARBITER Is est, quem litigantes honoris causa delegerunt disceptatorem controversiae suae; aeque ac ab honore praetoria ius paraetorium honorarium dicunt. Sic Cicero (Tusc. 5,41,120): "Quorum controversiam solebat tamquam honorarius arbiter iudicare Carneades." Sic (pro Caec. 2,6) "Honorariam et domesticam amici operam" arbitrium appellat. – MEDIUM PERIRE Ab ictu ductum et petitione. Mediam quandam secutus est sententiam. – SED APPLICAT SE In eorum tamen est sententiam propensior, qui fatum negant et voluntatis motus liberos, non coactos putant, cum in fato necessitatem non ponant, sed propensionem et inclinationem. Ductum ab alienigenis, qui Romae ad aliquem patronum se applicabant. – VERBIS UTITUR SUIS Quibus uti solet de vi et potestate fati disserens. Nam vicissim tantam ei tribuit necessitatem, ut aestuans et laborans retinere vix possit animi libertatem. Ita se induit et implicat. Id ex Plutarcho intellegi potest, qui ita scribit (Stoic. repugn. p. 1056): "Ὁ δὲ λέγων, ὅτι Χρύσιππος οὐκ αὐτοτελῆ τούτων αἰτίαν, ἀλλὰ προκαταρκτικὴν μόνον ἐποιεῖτο τὴν εἱμαρμένην, ἐκεῖ πάλιν αὐτὸν ἀποδείξει μαχόμενον πρὸς αὑτόν, ὅπου τὸν μὲν Ὅμηρον ὑπερφυῶς ἐπαινεῖ περὶ τοῦ Διὸς λέγοντα (O 109)·

τῷ ἔχεθ᾽, ὅττι κεν ὕμμι κακὸν πέμπῃσιν ἑκάστῳ
ἢ ἀγαθόν·

καὶ τὸν Εὐριπίδην (Suppl. 734)·

Ὦ Ζεῦ, τί δῆτα τοὺς ταλαιπώρους βροτοὺς
φρονεῖν λέγοιμ' ἄν; σοῦ γὰρ ἐξηρτήμεθα
δρμῶμέν τε τοιάδ', ἂν σὺ τυγχάνῃς φρονῶν·

Αὐτὸς δὲ πολλὰ τούτοις ὁμολογούμενα γράφει· τέλος δέ φησι
μηδὲ ἔχεσθαι μηδὲ κινεῖσθαι μηδὲ τοὐλάχιστον ἄλλως ἢ κατὰ
τὸν τοῦ Διὸς λόγον, ὃν τῇ εἱμαρμένῃ τὸν αὐτὸν εἶναι."

40

Das neue Thema lautet: die ›adsensiones‹ als Argument im
Streit um das Fatum. An dieser Stelle verweist Cicero auf den
verlorenen Einleitungsbeginn oder auf den Beginn seines
Lehrvortrags in der Lücke zwischen II 4 und III 5.

Die ›adsensiones‹ (›Zustimmungen‹) bezeichnen die Fähigkeit des Menschen, sich den unwillkürlichen Impulsen der
Außenwelt oder der eigenen animalischen Triebe je nach Wil-
lensentschluß zu öffnen (= adsensio) oder zu verschließen (=
retentio adsensionis). In beiden Bereichen wird der Ablauf in
drei Akte gegliedert:

I. Wahrnehmungsvorgang (hier auf das Auge eingeschränkt):

1. der visuelle Ein-   = (*visum*   φαντασία)
   druck

2. die ›Zustimmung‹ = (*adsensio*   συγκατάθεσις,
                                         opp. ἐποχή)

3. das ›Erfassen‹   = (*comprehensio* κατάληψις)

Hierbei ist in der ersten Stufe die Seele als unbeteiligt gedacht,
in der zweiten ist sie an der Schwelle zwischen Passivität und
Aktivität, in der dritten ist sie voll beteiligt: aus dem unwillkürlichen Anstoß wird damit ein willentlich-rationaler Akt.
Daher rührt der Bezug zum Fatum. Auch die moderne Philosophie geht bei der Beurteilung der Willensfreiheit der Sache nach von den ›adsensiones‹ aus.

Zenon, der Begründer der Stoa, hat – nach Cicero, Ac. 2,47,145 – diese drei Stufen sehr anschaulich dargestellt: »Hoc quidem Zeno gestu conficiebat: nam cum extensis digitis adversam manum ostenderat, ›visum‹, inquiebat, ›huiusmodi est‹; dein, cum paulum digitos contraxerat, ›adsensus huiusmodi‹; tum, cum plane compresserat pugnumque fecerat, ›comprehensionem‹ illam esse dicebat, qua ex similitudine etiam nomen ei rei, quod ante non fuerat, κατάληψιν imposuit.«

II. Triebhaftes Begehren:

1. das triebhafte Wollen (*adpetitus* = ὁρμή, arist.: ὄρεξις)
2. die ›Zustimmung‹ (*adsensio* = συγκατάθεσις)
3. das In-die-Tat-Setzen (*actio* ≈ ἀποπλήρωσις)

Für das Verständnis des weiteren, recht schwierigen Textes ist es wichtig, die verschiedenen Meinungsgruppen klar auseinanderzuhalten. Die Vertreter des Fatums seien mit (A), die Leugner mit (B) bezeichnet:

(A)	(B)
Eas (adsensiones) veteres illi, quibus *omnia fato fieri* videbantur, vi effici et *necessitate* dicebant.	Qui ab iis dissentiebant, *fato adsensiones liberabant* negabantque fato adsensionibus adhibito *necessitatem* ab his posse removeri.

Am Zuge ist die Gruppe (B). Ihre Beweisführung folgt der Anlage nach dem Widerlegungsschema von XIV 31: Die Prämisse des Gegners wird angenommen und zu einem unannehmbaren Ergebnis geführt; daraus wird dann die Fehlerhaftigkeit der Prämisse gefolgert.

Im vorliegenden Fall folgt aus dem Satz »Si omnia fato fiunt« letztlich, daß der Mensch für seine Taten (actiones) we-

der im Guten noch im Bösen verantwortlich gemacht werden
kann. Dieses Ergebnis wird als fehlerhaft (vitiosum) gerügt;
damit ist der Obersatz verworfen: »Probabiliter concludi putant non omnia fato fieri, quaecumque fiant.« Das entscheidende Argument für diese Verwerfung ist ein ›Postulat der
praktischen Vernunft‹: Alles soziale Leben wäre gefährdet,
wenn durch die Hinnahme der Prämisse die Gerechtigkeit
entwertet würde.

IN ASSENSIONIBUS Quas συγκαταθέσεις vocant, id est approbationes. Visis autem, quae propriam habent declarationem earum
rerum, quae videantur, fides et assensio adiungitur. Ac primum quidem, cum quid obicitur sensibus, phantasia est, id est visum: quam
sequitur assensio: assensionem comprehensio. Nam cum visum
acceptum et approbatum erat, comprehensionem vocabant. – VI EF-
FICI Vi quadam fatali et necessaria. – IIQUE ITA DISSEREBANT
Ita argumentabantur liberas esse approbationes. – ET SI APPETI-
TUS Appetitio, quae ὁρμή dicitur, qua, quod ad naturam suam ac-
commodatum est, expetunt animantes: ut res perspicuas approbant. –
APPETITUM SEQUUNTUR Actiones. – ETIAM ASSENSIO-
NES Quae appetitum sequuntur et quibus, antequam agamus, agamus,
approbamus. Plutarchus (Stoic. repugn. p. 1057a). – CAUSA APPE-
TITUS Non est in nostra potestate, sed externa est et fatalis. –
APPETITU Ut assensiones et actiones, quibus appetitus praecurrit
quarumque auctor est. – NEC LAUDATIONES Si necessitate fatali
constricti agimus coacti et inviti, neque virtus laudem neque vitium
vituperationem meretur: nec optimi cives honore, scelerati supplicio
affici debent.

41

Chrysipp will das Kausalprinzip unter allen Umständen aufrechterhalten (er nennt es Fatum), will es aber seines Zwangs-
charakters entkleiden. Dies erreicht er dadurch, daß er die
›vorhergehenden Ursachen‹ in zwei Gruppen aufteilt:

causae praepositae
(= antegressae, antecedentes)

causae perfectae et principales   causae adiuvantes et proximae
(αὐτοτελῆ καὶ κύρια αἴτια)   (συναίτια καὶ προσεχῆ αἴτια)

Damit konstituiert sich eine dritte, mittlere Meinung für das
Verhältnis der adsensiones zum Fatum: die des Chrysipp:

(C)
Si omnia fato fiunt,
sequi illud quidem,
ut omnia causis fiant ...
adiuvantibus et proximis.

Quae si ipsae non sunt in nostra potestate,
non sequitur,
ut ne adpetitus quidem sit in nostra potestate.

Man würde eigentlich erwarten, daß statt von ›adpetitus‹ von
›adsensiones‹ die Rede wäre. Die Stelle ist aber so zu verstehen, daß das triebhafte Begehren (adpetitus), sofern es nur
von mithelfenden Nebenursachen (causae adiuvantes et proximae) verursacht wird, durch die Kontrolle der Zustimmung
(adsensio) in unserer Entscheidungsmacht (in nostra potestate) bleibt, während beim Vorliegen von vollkommenen
Hauptursachen (causae perfectae et principales) eine Zwangswirkung (necessitas) einträte, die jegliche Verweigerung der
Zustimmung (retentio adsensionis = ἐποχή) unmöglich
machte.*

---

* Die Stelle ist textkritisch insofern bemerkenswert, als die Schlußteile nur in
den von V² abhängigen Hss überliefert ist.
  Daß in diesem letzten Absatz zweimal mit »non in nostra potestate« operiert
wird, wobei beide Male die ›causae‹, sowohl die ›causae adiuvantes‹ als auch
die ›causae perfectae‹ als nicht in unserer Macht liegend bezeichnet werden,
jedoch mit gegensätzlicher Folgerung auf den ›adpetitus‹, sieht aufs erste un-
logisch aus. Man muß die Stelle jedoch so verstehen, daß der Ut-Satz (»ut,
cum   , ne ille quidem esset in nostra potestate«) die Definition zu ›perfectis

NECESSITATEM IMPROBARET Fatum enim nectit Chrysippus ex causis praecurrentibus, non necessariis tamen. Cicero (Top. 15,59); quod idem de Stoicorum sententia etiam a Plutarcho scribitur (plac. philos. 884f). Ita cum a fato Chrysippus necessitatem removeret, aliquid in nostra potestate relinquebat. – SINE PRAEPOSITIS CAUSIS Sine antecedentibus causis. – CAUSARUM ENIM Multa causarum genera ponunt Stoici: αὐτοτελῆ, προκαταρκτικά, συναίτια, ἑκτικά, συνεκτικά. Perfectas et principales αὐτοτελεῖς αἰτίας καὶ κυρίας vocant, adiuvantes συναίτια; quae adiumenta quaedam afferunt, etsi non necessaria. – ITAQUE ILLI RATIONI More Stoicorum, qui συλλογισμσμὸν "λόγον", ratiocinationem 'rationem' saepenumero vocant. – PAULO ANTE CONCLUSI Ea est "Si omnia fato fiunt, omnia fiunt causa antecedente". – UT NE APPETITUS Quia in illis causis nulla necessitas est, ut vis afferatur appetitui. – PERFECTIS Quae efficienter rei cuique antecedunt et necessitatem afferunt.

42

Der Syllogismus wird nun auf seine Wirksamkeit hin geprüft. Mit 'conclusio' kann aber sowohl der Schluß XVII 40 als auch der Schluß XVIII 41 gemeint sein; »illa« spricht jedoch für den entfernteren, und auch die Sache erfordert dies: Es ist ja selbstverständlich, daß Chrysipps Schluß nicht gegen ihn selbst wirkt.

Somit ist gemeint: Der Schluß (B) hat Wirkung gegenüber dem Schluß (A), nicht aber gegenüber dem Schluß (C). Das heißt: Die Entwertung der Gerechtigkeit (XVII 40: »Ex quo efficitur, ut nec laudationes iustae sint nec vituperationes, nec honores nec supplicia«) tritt nur ein, wenn das Fatum mit Ne-

---

et principalibus causis‹ bildet: »Hauptursachen solcher Art, daß ...«.
Davon unabhängig ist zu erwägen, ob man nicht besser statt ›adpetitus‹ und ›ille‹ einsetzen sollte ›adsensio‹ und ›illa‹. An der Unwillkürlichkeit des ›adpetitus‹ besteht ja kein Zweifel. Es geht nur um die Steuerbarkeit durch die ›adsensio‹. Man könnte dann den Ut-Satz als Epexegese zu »At *hoc* sequeretur« auffassen.

zessität wirkt, wenn also der Mensch der Verantwortung für
sein Tun enthoben ist.

Die Erörterung wendet sich jetzt von den ›adsensiones‹
ab, soweit sie die Triebimpulse steuern, und wendet sich ihrer Funktion auf dem Gebiet der visuellen Wahrnehmungen
zu.

Der Gedankengang ist – wiewohl durch anakoluthischen
Satzbau und Wechseln von der abstrakten zur konkreten
Darlegung gestört – deutlich erkennbar: Ausgangspunkt ist
der visuelle Eindruck (visum), der nicht als Hauptursache,
sondern als Nebenursache (proxima causa) wirkt. Er übt damit keine Zwangswirkung aus (vi et necessitate), sondern läßt
die Zustimmung (adsensio) in unserer freien Entscheidung (in
nostra potestate). Damit ist die Kausalität aufrechterhalten
(adsensio non potest fieri nisi commota viso), aber sie ist der
Nezessität entkleidet. Und dies wird im weiteren am Modell
der Walze (Rolle) und des Kreisels demonstriert.

ILLA CONCLUSIO Non in Chrysippum. – COMMOTA VISO
Visum antecedit approbationem; visis enim perspicuis credimus et
assentimur. Sic autem interpretari solet φαντασίαν Cicero. – PRO-
XIMAM CAUSAM Evento et rei propinquiorem: etsi illa antecedens
est et externa. Proxima igitur est, quae προσεχής dicitur: eadem
etiam interdum 'continens' dicitur, id est 'cohaerens et coniuncta cum
re', ut paulo post. Continentem aliam posuerunt causam Stoici omnia pervadentem et penetrantem, quem 'spiritum' appellavere, rei cuiusque vim naturamque foventem et arcentem. Causae antecedentes et
antegressae sunt προκαταρκτικὰ ετ προηγούμενα αἴτια, sive necessariae sint sive non sint. – NON UT ILLA QUIDEM Ut sine viso
fieri non possit, nec tamen in visi impulsione necessaria sit approba-
tionis causa, sed tamquam principium et adiumentum, reliquo animi
motu libero et soluto. – SED REVERTITUR Gellius (N.A. 7,2)
istam Chrysippi sententiam explicat et laudat. Alexander (Aphrodisiensis) in libro De fato damnare videtur: "Ἀλλ' ἀφωρισμένως ἕκασ-
τον πράττειν, ὧν πράττομεν, παραπλησίως τῷ θερμαίνοντι
πυρὶ καὶ τῷ λίθῳ τῷ κάτω φερομένῳ καὶ τῷ κατὰ τοῦ πρα-
νοῦς κυλιομένῳ κυλίνδρῳ." Sententia est: Ut cylindrus ab impulsione externa principium motus habet, reliquum a sua mobilitate: sic

in approbationibus principium est ab obiecta extrinsecus specie, reliquum ab animi libero motu (179,14).

43

Der Vergleich zwischen Zylinder und Seele wird nun durch-
geführt. Das Tertium comparationis ist die ›volubilitas‹, das
Vermögen, sich ›suapte vi et natura‹ zu bewegen, das sich mit
dem Empfang von außen kommender Impulse (extrinsecus
pulsa) durchaus vereinbaren läßt. Chrysipp gelangt damit
ganz in die Nähe des Naturbegriffs, den Karneades vertreten
hat (XI 25: »Motus valuntarius eam naturam in se ipse conti-
net, ut sit *in nostra potestate* nobisque pareat; nec id ›sine
causa‹: eius rei enim causa *ipsa natura* est.«).

Daran schließt Chrysipp noch einmal ein Bekenntnis zur
lückenlosen Gültigkeit des Kausalgesetzes, und er baut eine
goldene Brücke, auf der man sich seiner Auffassung nähern
kann: »Modo intellegatur, quae sit causarum distinctio ac dissimilitudo«, womit die Differenzierung in ›causae principales‹
und ›causae adiuvantes‹ gemeint ist.

ET QUASI SIGNABIT IN ANIMO Ductum ab anulis signatoriis
speciem in cera signantibus. Diogenes Laertius (7,45). – EXTRINSE-
CUS PULSA Viso commota. – SINE CAUSA ANTECEDENTE
Quamquam non necessaria, sed praecurrente. – DISTINCTIO Ut
quaedam perfectae sint et principales, αὐτοτελῆ καὶ κύρια αἴτια:
quaedam adiuvantes, συναίτια, ex quibus fatum texitur.

44a

Hier liegt die schwierigste Stelle des gesamten Werkes. Deshalb ist auch von vielen Herausgebern versucht worden,
durch Textänderungen zu einem befriedigenden Resultat zu
kommen. Unser Text hält sich ohne Änderung an die Hand-
schriften.

Es geht noch immer um das Verhältnis der ›adsensiones‹ zum Fatum. Cicero unterscheidet zwei mögliche Stellungnahmen, deren Einordnung nun versucht werden muß. Beide beruhen auf der Leugnung eines Fatumeinflusses auf die ›adsensiones‹, und beide lassen den ›adsensiones‹ einen visuellen Eindruck vorausgehen:

I	II
Si illi,	Sed si
qui *negant adsensiones fato fieri,*	
fateantur tamen	concedunt
eas non sine viso antecedente	anteire visa
fieri,	*nec tamen fato fieri adsensiones,*
	quod proxima illa et continens
	causa non moveat adsensionem,
alia ratio est.	vide ne idem dicant.

Sicher handelt es sich hier nicht um zwei verschiedene Gruppen von Philosophen, sondern um ein und dieselbe, die verschiedene Möglichkeiten der Formulierung zur Verfügung hat (zu solchen Transpositionen vgl. VI 12f.; XII 29f.; XIV 31f.).

Der Unterschied der beiden Fassungen liegt nun in folgendem: 1. in der Reihenfolge der Argumente (kein fatum – vorauslaufendes visum) vorauslaufendes visum – kein fatum); 2. in der Nachdrücklichkeit des Visumvorangangs (non sine viso antecedente/anteire visa) und 3. in der speziellen Begründung durch die ›proxima ... causa‹*, die in I fehlt.

---

* Unglücklicherweise steht hier im Text »proxima illa et *continens* causa«. Diese Verbindung steht nur hier. Es gibt zwei Möglichkeiten der Auffassung:
1. Man nimmt an, ›continens‹ sei identisch mit ›cohibens‹ (in se efficientiam naturalem IX 19).
2. Man hält sich an ›proxima‹, das schon wiederholt, z.T. in Verbindung mit ›adiuvans‹ (XVIII 41: 3 x), z.T. allein (XVIII 42) in der Bedeutung ›Nebenursache‹ verwendet wurde. Es vertrüge sich auch mit der Bedeutung von ›continere‹, das ja nicht nur ›in sich schließen‹, sondern auch ›zusammenhangen‹ bedeuten kann.
In der vorliegenden Übersetzung wurde die zweite Lösung gewählt, die

Daraus folgt: Die Fassung II arbeitet mit den Argumenten Chrysipps (›proxima causa‹), ohne sich seiner besonderen Argumentationsweise zu bedienen (Chrysipp hätte wohl die grundsätzliche Kausalität stärker betont, also etwa begonnen: »Si omnia fiunt causis antecedentibus ...«. Die Fassung I hingegen arbeitet mit der Definition von XVI 36, wonach »eiusmodi quid, *sine quo* effici aliquid *non* possit« keine ›causa‹ zwingenden Charakters ist.

Das heißt: I und II bedeutet der Sache nach das gleiche: Den auf die ›adsensiones‹ wirkenden ›causae‹ eignet keine Nezessität. Jedoch verwendet I eine andere Terminologie (alia ratio est) als II (wo spezifisch chrysippisches Vokabular angewandt ist). Da nun die »illi« nicht mit (A) identisch sein können (das wären nach XVII 40 die starren Verfechter des Fatums), andererseits aber erst an (C) heraninterpretiert werden müssen, können sie nur mit (B) identisch sein, so daß die Gleichung lauten muß: (B) = I = II ≈ (C).

Damit ist erreicht: (A) ist durch (B) ohnehin widerlegt (vgl. XVIII 42); (B) aber unterscheidet sich nur unwesentlich von (C).

HAEC CUM ITA SINT Sic disceptat controversiam Chrysippi fatum ex praecurrentibus causis et non necessariis nectentis voluntatisque libertatem retinentis, et eorum, qui fatum negant, ut eos verbis, non re dissidere doceat; quod consequitur explicata utriusque sententia. – FATO FIERI Sed liberas esse. – ALIA RATIO Non enim tantum verbis, sed re etiam dissentirent, si praecurrere visum negarent et a se animum libere sine specie oblata moveri dicerent.

44 b

Der zweite Teil des § 44 muß nun die Bestätigung der oben aufgestellten Interpretationshypothese bringen. Denn es han-

---

nicht ein unbestimmtes Wort durch Änderung eines schon terminologisch festgelegten (auf das mit ›illa‹ verwiesen wird) erklären muß.

delt sich nur um eine verdeutlichende Entfaltung des gleichen
Gedankens.

Der Text bereitet auch hier gewisse Schwierigkeiten. Die
Herausgeber haben sich an dem zweifachen ›neque‹ gestoßen
und das zweite meist getilgt. Es bildet auch eine Härte und
wäre zu entbehren. Man muß es als eine in der gesprochenen
Rede mögliche Anaphora werten (vgl. die Wiederholung von
›ut‹ am Ende von IX 17), darf es aber nicht als duplex negatio
behandeln.

Noch einmal werden also die beiden Gruppen einander gegenübergestellt: Chrysipp = (C) und die Gruppe (B) in der
Fassung I.

(C)	(B I)
Neque enim Chrysippus	*itemque illi, qui ab hoc dissentiunt,*
concedens	confitentes
adsensionis proximam et continen-	non fieri adsensiones sine praecur-
tem	sione
causam esse in viso positam	visorum
(neque) *eam causam esse ad adsentien-*	
dum necessariam concedet, –	*dicent,*
ut, si omnia fato fiant,	si omnia fato fierent eiusmodi, ut
omnia causis fiant	nihil fieret nisi praegressione cau-
antecedentibus et *necessariis;*	sae,
	confitendum esse: fato fieri omnia.

Eigentlich müßten die beiden Gruppen im Druck umgestellt
werden, dann fiele ihre Übereinstimmung mit dem in 44a
Dargestellten noch deutlicher auf. Denn auf diese Übereinstimmung (verbis eos, non re dissidere) kommt es Cicero, der
dem Ende seiner Ausführungen zustrebt, an.

Worin liegt sie nun? Chrysipp sagt an dieser Stelle nichts
anderes als schon in XVIII 41: Die Kausalität soll lückenlos
gelten; sie soll aber keinen nezessitären Charakter haben,
sondern auf mithelfenden Nebenursachen beruhen.

Seine vermeintlichen Gegner halten sich an die Kausaldefi-
nition von XVI 36, womit sie sich – wie in 44a gezeigt – der
Sache nach kaum noch von Chrysipp unterscheiden. Sie hal-

ten den von Chrysipp angebotenen Kompromiß für annehm-
bar (Chrysipp macht immerhin ein Zugeständnis: »concedens ...«), sofern man sich in der Interpretation des Begriffs
›fatum‹ dahin einigt, daß es keinen nezessitären Charakter haben soll. Bei Chrysipp steckt dieser Verzicht in der Einschränkung »*proximam et continentem* causam esse in viso
positam«, bei seinen Gegnern in dem prägnant zu verstehen-
den »praegressione *causae*«, worin ›causae‹ als »eiusmodi
quid, *sine quo* effici aliquid *non* possit« zu verstehen ist, nicht
aber als »eiusmodi quid, quod, cum accessit, id cuius est
causa, efficit necessario« (XVI 36). Chrysipp steckt damit zurück, während seine Gegner eine Forderung durchsetzen.

Es bleibt noch zu fragen, wer denn eigentlich die unter (B)
zusammengefaßten Gegner Chrysipps seien. Deutlich ausgesprochen wird das nirgends. Es muß eine Gruppe unter den
›veteres philosophi‹ sein (XVII 39), und da bleibt, da der Pe-
ripatos, die Stoa und die Epikureer ausscheiden, wohl nur
Platon, die Akademie also, und damit letztlich Cicero selbst.
Das liegt auch ganz im Sinne des Vortrags (Academicorum
contra propositum disputandi consuetudo II 4), daß dem
Aufgegriffenen, hier Chrysipp, ein Zugeständnis abgerungen
wird.

EAM CAUSAM Proximam et continentem. – UT SI OMNIA FATO
Quod fieret, si causa necessaria et principalis esset. – AB HOC DIS-
SENTIUNT Qui fato fieri omnia negant. – EIUSMODI Cuiusmodi
fatum Chrysippus ponit: contra tamen omnium sententiam et ante-
ceptam animo informationem fati.

45

Es bleibt nun noch die Frage, was mit der anderen Gruppe
von ›causae‹ geschehen soll, den nezessitären (causae principales et perfectae), die sich der Steuerung durch den Menschen entziehen (wie z. B. der Tod).

Hier scheint Cicero ausgeführt zu haben, daß durch den Kompromiß Chrysipps die Terminologie nur noch schwieriger geworden ist. Denn es gibt eine Gruppe (sed alteri censent ...), die nun gerade unter den *nicht* beeinflußbaren Ursachen das Fatum verstehen. Damit sind nicht nur die Epikureer gemeint, sondern die communis opinio schlechthin. Wer also Chrysipps Lehrmeinung nicht ins einzelne studiere, werde ihn für einen Verfechter des Fatums im Sinne der communis opinio halten (vgl. XVII 39 »... ut necessitatem fati confirmet invitus«).

Der Text müßte sinngemäß weiter gelautet haben: »alteri, quibus in rebus, cum proximae et adiuvantes causae antecesserint, sit in nostra potestate, ut aliter eveniant, eas fato fieri; quae autem non sint in nostra potestate, cum antecesserint causae perfectae et principales, non huc, pertinere ...«.

Die Lücke zwischen XIX 45 und XX 46 ist nicht erst durch Verstümmelung des Archetypus entstanden; sie wurde schon durch dessen Vorlage verschuldet. Daher versagen hier die Methoden der Umfangschätzung durch Rekonstruktion des Archetypus.

OMNINOQUE Repetit distinctionem causarum principalium et adiuvantium. – EAS FATO FIERI Disputatio de vocabulo est, quid fatum sit. Nam hi, qui fato omnia fieri negant, fatum tantum ponunt in principalibus et necessariis causis: quae quidem fati vera est notio, cui vim affert Chrysippus, ut aliquid in nostra potestate relinquat: nam contra omnium sententiam fatum necessitate liberat et in praegressione causarum adiuvantium ponit. In quo ab Alexandro (Aphrodisiensi) reprehenditur. – AB IIS FATUM In quibus tamen a Chrysippo etiam fatum ponitur. Docuit ergo paulo ante Cicero Chrysippum, dum aliquid in nostra potestate relinquit, in eorum sententiam esse delapsum, qui omnia fato fieri negant. Mox Epicurum dicet fatum sine necessitate sequi potius debuisse quam commenticios motus afferre. Nam ita defendere posset quendam esse animi morum voluntarium, si in fato necessitas nulla esset.

46-48

Was nun noch folgt, ist die Peroratio. Cicero setzt sich in die
Pose des Gerichtsredners und präpariert Epikur zur einstim-
migen Verurteilung. Seine Argumente sind die von IX 19 und
X 22,23, jedoch nun in rhetorischer Aufmachung.

Während Epikur die spontanen Bahnabweichungen (declinationes) seiner Atome nur einführte, um der Gefahr zu entgehen, mit dem mechanistischen Weltbild auch ein nezessitä-
res Fatum in Kauf nehmen zu müssen, also sein Programm
der ›Freiheit von Furcht‹ nicht durchhalten zu können, wirft
Cicero ihm vor, gerade dadurch habe er das Fatum und die
Zwangsläufigkeit allen Geschehens bestätigt und den Willen
seiner Freiheit beraubt. Leider ist die Begründung für diese
Behauptung zum größten Teil mit der Verstümmelung des
Werkendes verlorengegangen. Vermutlich argumentierte er
nicht so, daß er sagte: Wenn man dem Fatum nur mit solchen
Mätzchen entgehen zu können hofft, dann gibt es in Wirklichkeit kein Entrinnen, sondern so: Es ist ein Irrtum, anzunehmen, daß die Bahnabweichungen der Atome spontan er-
folgten (Karneades hatte XI 24.25 die Parallelisierung der
Atombewegung mit den ›motus voluntarii animorum‹ vorge-
schlagen); sie erfolgen in Wahrheit ebenso zwangsläufig wie
die gerade Fallbewegung: »illud quoque necesse est: declinare«.

Das fehlende Stück wird auf eine Folioseite im Archetypus
berechnet*.

---

* A. C. Clark berechnet die Lücken folgendermaßen: Im Archetypus faßte
   eine Seite etwa soviel Text wie 27 Teubnerzeilen. Nun soll der Archetypus
   insgesamt 40 Quaternionen (zu je 8 Folia oder 16 Seiten) umfaßt haben. Für
   De natura deorum, De divinatione, den *Timaeus* berechnet Clark 191 folia; da
   aber für 24 Quaternionen 192 folia nötig wären, ist anzunehmen, daß das
   Ende des *Timaeus* und der Beginn von *Fato* auf diesem 192. Blatt standen und
   mit ihm verlorengingen. Was nach *De fato* im Archetypus stand (*Topica, Pa-
   radoxa, Lucullus* und *De legibus*), berechnet Clark zusammen mit den erhaltenen Teilen von *De fato* auf 122 folia, d.h. auf 15 Quaternionen und 2 Ein-
   zelblätter. Daraus schließt er, daß in der großen Lücke zwischen I 4 und III 5

ERRANTIBUS Non recte cadentibus in praeceps. – INQUIT Epicurus. – PRIMUM Si declinatio motus est atomorum, cur alius eis et
a Democrito et a te motus tribuitur? a Democrito plagae, a te ponderis? Plutarchus (= VS 68 A 47): "Δημόκριτος ἓν γένος τῆς κινή-
σεως τὸ κατὰ πληγήν." Idem etiam fatum ponebat. Auctor Plutarchus in Cap. de necessitate (plac. philos. 884c). Hinc etiam optime
explicari potest locus susperior, quo motum quendam oriri dicebat
extra pondus et plagam: ut pondus ex Epicuri sententia dictum sit,
plaga Democriti: quem tamen locum paulo aliter ex Plutarcho sum
interpretatus. – MINIMO Quod appellavit Epicurus, ut ait antea Cicero, ἐλάχιστον. – DUOBUS Minimis intervallis. – OPTARE
HOC Voluntatis alicuius et optati potius hoc esse videtur quam disputationis et doctrinae.**
INANI In vacuo spatio, in quo nihil est, quod atomum apppellat. – E
REGIONE Ad lineam. – SUI PONDERIS Cur, cum declinet, non
deorsum feratur suopte pondere: sunt enim Epicuro omnia corpora
gravia, ut docui. – SIBI DICERE Nam se putat repperisse fati libe-
rationem.
NON MODO FATUM Quando fatum a nonnullis sine necessitate
ponitur, ut paulo ante a Chrysippo. – UT ESSENT ATOMI Individua corpuscula, quae Epicurus rerum primordia putat, nulla censet
Cicero. – NAM SI ATOMUS Ut gravitatis et ponderis motus in atomis necessarius est, ita declinationis motus. Ex quo evenit, ut, quo
commento fatum se depulsurum putavit Epicurus, eo imprudens fatum constituat. Necessarium esse motum ponderis non potest infitias
ire, nisi suorum convellat principiorum motum perpetuum, qui si
non esset necessarius, non debuit excogitare declinationem ad fati depulsionem.

der Inhalt von 6 folia (sie würden mit den 2 Einzelblättern einen 16. Quater-
nio bilden), also 12 x 27 Teubnerzeilen, verlorengingen.

TERMINI

adpetitus	ὁρμή (ὄρεξις)
adsensio	συγκατάθεσις
captio	σόφισμα
causae: id, sine quo non	οὗ οὐκ ἄνευ
id, cum quo	αἴτιον δι' ὅ
ine causa	ἀναιτίως
series causarum	εἱρμὸς αἰτιῶν
adiuvantes	συναίτια
antecedentes ⎫ antepositae ⎧	προκαταρκτικὰ αἴτια
antegressae ⎭ ⎩	προηγούμενα αἴτια
cohibentes in se efficientiam naturalem	συνεκτικὰ αἴτια
continentes	προσεχῆ αἴτια (?)
externae	ἐκτὸς αἴτια
naturales	φυσικὰ αἴτια
perfectae	αὐτοτελῆ αἴτια
principales	κύρια αἴτια
proximae	προσεχῆ αἴτια
conexum	συνημμένον (τὸ ἐκ συνημμένων)
coniunctio	συμπεπλεγμένον
contagio naturae	συμπάθεια
diiunctio	διεζευγμένον ἀξίωμα
divinatio	μαντική
enuntiatio	ἀξίωμα
fatum	εἱμαρμένη (πεπρωμένη, μοῖρα, ἀνάγκη)
confatalis	συνειμαρμένος
fortuito	ἐκ ταὐτομάτου
inanitas	τὸ κενόν
individuum (corpus)	ἡ ἄτομος
laqueus	σόφισμα
minimum	ἐλάχιστον
mores	ἤθη
motus	κίνησις
ad lineam	κατὰ στάθμην
ex plaga	κατὰ πληγήν = κατὰ παλμόν
e regione	κατὰ στάθμην
per declinationem	κατὰ παρέγκλισιν
pondere	βάρει

perceptum	θεώρημα
potestas: in nostra potestate = in nobis	ἐφ' ἡμῖν
quod fieri possit aut non possit	τὸ δυνατόν
quod ne fieri quidem potest	ἐκ τῶν ἀδυνάτων
ratio: disserendi	λογική
ignava ratio	ἀργός λόγος
visum	φαντασία

NAMENREGISTER

LITERATURHINWEISE

Cicero als Philosoph

Philippson, R., M. Tullius Cicero – die philosophischen Schriften, in: Realencyclopädie der Classischen Altertumswissenschaft (RE), Bd. VII A 1, Stuttgart 1939, Sp. 1104–1192.
Süß, W., Cicero. Eine Einführung in seine philosophischen Schriften (mit Auschluß der staatsphilosophischen Werke), Mainz 1966 [zu De fato: S. 336–341].
Gawlick, G. / Görler, W., Cicero, in: H. Flashar (Hg.), Die Philosophie der Antike, Bd. 4: Die hellenistische Philosophie, Basel 1994, S. 991–1168 [zu De fato: S. 1045f., 1076–1078; vgl. S. 1137].

De fato: Ausgaben und Kommentare

Cicéron, Traité du destin, hg. von A. Yon, Paris (Budé) 1933 [lat.-franz., mit Einl. und Noten].
M. Tulli Ciceronis, De divinatione, De fato, Timaeus, hg. von W. Ax, Leipzig (Teubner) 1938, Nachdr. Stuttgart 1977.
M. Tulli Ciceronis, De divinatione, De fato, Timaeus, hg. von R. Giomini, Leipzig (Teubner) 1975.

De fato: Abhandlungen

Schmekel, A., Die Philosophie der mittleren Stoa in ihrem geschichtlichen Zusammenhange dargestellt, Berlin 1892, S. 155–184.
Loercher, A., De compositione et fonte libri Ciceronis qui est de fato, Halle 1907.
Henry, M. Y., Cicero's treatment of the free will problem, in: TAPhA 58 (1927), S. 32–42.
Eisenberger, H., Zur Frage der ursprünglichen Gestalt von Ciceros Schrift de fato, in: GB 8 (1979), S. 153–172.
Talanga, J., Zukunftsurteile und Fatum. Eine Untersuchung über Aristoteles' De interpretatione 9 und Ciceros De fato mit einem Überblick über die spätantiken Heimarmenelehren, Bonn 1986.
Görler, W., ›Hauptursachen‹ bei Chrysipp und Cicero? Philologische

Marginalien zu einem vieldiskutierten Gleichnis (De fato 41–44), in: RhM 130 (1987), S. 254–274.

Zur Problemgeschichte von De fato

Amand, D., Fatalisme et liberté dans l'antiquité. Recherches sur la survivance de l'argumentation morale antifataliste de Carnéade chez les philosophes grecs et les théologiens chrétiens des quatre premiers siècles, Löwen 1945 [zu Cicero: bes. S. 78 ff.].

Diodoros Kronos

Becker, O., Über den κυριεύων λόγος des Diodoros Kronos, in: RhM 99 (1956), S. 280–304.

Giannantoni, G., Il κυριεύων λόγος di Diodoro Crono, in: Elenchos 2 (1981), S. 239–272.

Vuillemin, J., Necessité ou contingence. L'aporie de Diodore et les systèmes philosophiques, Paris 1984.

Weidemann, H., Das sogenannte Meisterargument des Diodoros Kronos und der aristotelische Möglichkeitsbegriff, in: Archiv für Geschichte der Philosophie 69 (1987), S. 18–53.

Epikur

Long, A. A., Chance and natural law in Epicureanism, in: Phronesis 22 (1977), S. 63–88.

Sedley, D., Epicurus' refutation of determinism, in: Syzetesis (Festschrift für M. Gigante), Bd. 2, Neapel 1983, S. 11–51.

Erler, M., Epikur, in: H. Flashar (Hg.), Die Philosophie der Antike, Bd. 4: Die hellenistische Philosophie, Basel 1994, S. 29–202 [bes. S. 160f., 185f.].

Stoa

Bréhier, E., Chrysippe, [o. O.] 1910, Nachdr. Paris 1951, ²1971 [bes. S. 40–42, 172–196].

Pohlenz, M., Grundfragen der stoischen Philosophie, Göttingen 1940 [bes. S. 104 ff.].

Pohlenz, M., Die Stoa. Geschichte einer geistigen Bewegung, Bd. 1, Göttingen ²1959, ⁷1992, Bd. 2, ebd. ⁶1990.

Long, A. A., Freedom and determinism in the Stoic theory of human action, in: A. A. L. (Hg.), Problems in Stoicism, London 1971, S. 173-199.

Donini, P. L., Fato e volontà umana in Crisippo, in: AAT 109 (1975), S. 187-230.

Van Straaten, M., Menschliche Freiheit in der stoischen Philosophie, in: Gymnasium 84 (1977), S. 501-518.

Jüngere Akademie

Arnim, H. v., Karneades, in: Realencyclopädie der Classischen Altertumswissenschaft (RE), Bd. X 2, Stuttgart 1919, Sp. 1964-1985 [bes. Sp. 1974-1978; vgl. auch A. Weische, RE Suppl. 11 (1968), Sp. 853-856].

Weische, A., Cicero und die Neue Akademie, Münster 1961 [bes. S. 47-50].

Görler, W., Älterer Pyrrhonismus. Jüngere Akademie. Antiochos aus Askalon, in: H. Flashar, Die Philosophie der Antike, Bd. 4: Die hellenistische Philosophie, Basel 1994, S. 717-989 [bes. S. 887-891: Karneades zur Willensfreiheit].

NACHWORT ZUR 4. AUFLAGE

Für Verbesserungsvorschläge habe ich vor allem den Herren
Professoren Dr. Alfons Weische (Münster i. W.) und Dr. Hermann Weidemann (Münster i. W.) zu danken; ich bedauere
sehr, daß dieser Dank erst so spät möglich wurde.

Mein Dank gilt ferner den Herren Professoren Dr. Martin
Hose (München) für rasche Hilfe und Dr. Wilfried Stroh,
dessen ausführliche Literaturliste zu De fato Grundlage war
für die von Professor Dr. Manfred Fuhrmann dankenswerterweise erarbeiteten Literaturhinweise.

München, Oktober 2000   Karl Bayer

www.ingramcontent.com/pod-product-compliance
Lightning Source LLC
Chambersburg PA
CBHW030241100426
42812CB00002B/278